MELHORES PRÁTICAS PARA SE RELACIONAR COM A IMPRENSA

MELHORES PRÁTICAS PARA SE RELACIONAR COM A IMPRENSA

PAULO PIRATININGA
(ORG.)

São Paulo
2014

Editor: Fabio Humberg
Editora assistente: Cristina Bragato
Capa: Osires
Diagramação: João Carlos Porto
Revisão: Júlio Yamamoto

Dados Internacionais de Catalogação na Publicação (CIP)
(Câmara Brasileira do Livro, SP, Brasil)

Melhores práticas para se relacionar com a imprensa / Paulo Piratininga, (org.). -- São Paulo : Editora CLA Cultural, 2014.

ISBN 978-85-854-57-9

1. Assessoria de imprensa 2. Comunicação nas organizações 3. Entrevistas (Jornalismo) 4. Imprensa 5. Marketing de relacionamento I. Piratininga, Paulo

14-03302   CDD-659.29070

Índices para catálogo sistemático:
1. Assessoria de imprensa : Comunicação organizacional : Administração   659.29070

Grafia atualizada segundo o Acordo Ortográfico da Língua Portuguesa de 1990, que entrou em vigor no Brasil em 1º de janeiro de 2009.

Editora CLA Cultural Ltda.
Tel: (11) 3766-9015
editoracla@editoracla.com.br
www.editoracla.com.br

Dedico este livro àqueles a quem tive o privilégio de servir na função de assessor de imprensa, educador e líder.

*Aos meus pais, hoje no céu, mas que em terra patrocinaram meus sonhos.
À Inês, minha esposa e companheira nos desafios de todos os dias.
Aos meus filhos Júlia e Pedro Henrique, para quem dedico meu maior projeto.*

"Não há nada que você saiba que não tenha aprendido com alguém"

John Wooden (1910 – 2010)

ÍNDICE

APRESENTAÇÃO	15
COMO SER UM BOM PORTA-VOZ	17
Discutindo a relação	17
Prepare-se para ser entrevistado	20
As três mensagens de uma entrevista	21
Jogue o "chutômetro" para escanteio	22
Alô! Jornalista?	24
Capital aberto, boca fechada	25
O pós-entrevista	26
O que fazer quando a entrevista não vai ao ar?	28
Para falar com a imprensa, por que não treinar?	29
Vamos pensar em *media training*?	31
Networking com jornalistas	32
No cardápio, relacionamento	34
Segundo o especialista...	36

Espalhe seu conhecimento. Escreva. 37

Não atropele a gramática 39

ASSESSORIA DE IMPRENSA PARA QUÊ? 43

O que uma assessoria pode fazer por você? 43

Publicidade ou assessoria de imprensa? 45

Conselheiros da notícia 46

Boa notícia para quem? 48

Pequenas pautas de todos os dias 50

Expectativas das PME quanto à mídia 51

Um pássaro na mão ou dois voando?
Por que não os três? 53

De carona na notícia 55

Notícia boa tem que espalhar 57

Rotina sem rotina 58

O velho, bom e sempre útil *feedback* 60

Criatividade x Investimento 62

COMO ESCOLHER E UTILIZAR BEM UMA ASSESSORIA DE IMPRENSA 65

Como contratar uma assessoria? 65

Cinco qualidades 67

O exemplo de Michelangelo 69

Principais tarefas de uma agência 70

Faltas dos assessores 72

Mensuração de resultados: termômetro da assessoria de imprensa	73
Clipping: apareça e saiba que apareceu	75
Muito mais do que *press releases*	76
Interação com assessores	78
Saí na *Caras*, e agora?	79
Coletiva sem rodeios	80
Pequenos gigantes	82

GERENCIAMENTO DE CRISES — 85

Já pensou em um plano quando a crise chegar?	85
Escândalo seletivo	87
Lidando com as crises	88
Não fuja do problema	90
Entrevistas diante de um fato delicado	91

PARA SER UM BOM ASSESSOR DE IMPRENSA — 95

Atendimento bom é atendimento completo	95
Atendimento nota 10	97
Missão e atitudes de um bom assessor	99
Multiprofissional	100
Mundo corporativo ou de agências?	102
Fazendo o que gosta	104
Dicas de William Bonner	105

Quer ler o texto abaixo? 107

AS MELHORES PRÁTICAS DE ASSESSORIA DE IMPRENSA 109

O *press kit* perfeito 109

Boa viagem e boa matéria 111

Viagens de imprensa 112

A utilidade do vídeo-*release* 115

Foi numa sexta-feira 116

Falando do desconhecido para quem não conhece 118

Xô e-mail! 120

Bem na foto 122

Oportunidades visuais 124

Alternativa às coletivas 127

A voz da mídia 128

Para quem acha fácil uma coletiva de imprensa... 130

Quem sabe faz a hora 132

Caso marcante 133

COMUNICAÇÃO NA ERA DIGITAL 137

Visibilidade na internet 137

Área de imprensa em *sites* corporativos 139

Empresas ganham as redes sociais 141

Blogueiros não substituem jornalistas 142

Para aparecer na internet, consulte o SEO 144

Sala virtual 145

O novo e-mail marketing 146

Na era do *mobile marketing* 148

MAPA DA MÍDIA 151

Circulação dos grandes jornais 151

O mapa da mídia regional 153

Sua notícia pulverizada 155

Caminhos do rádio 157

APRESENTAÇÃO

Este é meu segundo livro.

Vi e aprendi muitas coisas em meus 30 anos de profissão – 21 deles passados na Scritta. Práticas que funcionaram e atitudes que não funcionam. Modismos, despreparos, talentos natos, formandos sem qualquer noção, pessoas fora de série, a juniorização das atividades de marketing nas empresas e muito mais.

Aprendi muito e não me canso de aprender todos os dias – com cada cliente e em todas as ações de divulgação. Com os clientes novos, principalmente pelo desafio de quebrar paradigmas. Com os de longo relacionamento, por não deixar a prestação de serviço cair na mesmice. Se cresci profissionalmente, devo isso a pessoas críticas, que me impulsionavam a ir além, e também a executivos a quem estava subordinado e que teimavam em políticas de comunicação primárias, sem sustentabilidade.

Aprendi muito com as surpresas trazidas pelo noticiário, com crises que eclodiam inesperadamente e também com as preanunciadas nas empresas atendidas. Aprendi muito com profissionais da imprensa, de todos os níveis hierárquicos, da grande mídia, de publicações profissionais, meios regionais, jornais de bairro e de outros sem qualquer brilho no universo da comunicação.

Aprendi muito com os funcionários que passaram pela agência e especialmente com meus fiéis escudeiros: Maria Inês Arbex, Leandro Luize, Diogo Cruz e Thiago Cruz – quatro pessoas a quem estimo muito e que considero fora de série.

Muitas práticas e procedimentos expostos neste livro são frutos desses aprendizados, mas, sobretudo, são resultados do trabalho diário, da dedicação e da rotina mantidas por mim e pela minha equipe, que merecem o devido crédito.

Está aí o livro. Espero que ele seja útil e repleto de aprendizados!

Paulo Piratininga

COMO SER UM BOM PORTA-VOZ

DISCUTINDO A RELAÇÃO

ESTREITAR RELACIONAMENTOS com a imprensa é o DESEJO DE MUITOS, mas PRIVILÉGIO DE POUCOS. O desejo de conquistar a mídia a qualquer preço é um péssimo aliado nessa batalha. Portanto, nunca é demais lembrar algumas indicações preciosas para fortalecer esse vínculo com os jornalistas de forma saudável e promissora.

1 – O CHEFE É O PORTA-VOZ DA COMPANHIA. Ele é quem deve falar em quase todas as situações, sejam elas rotineiras ou de crise. Caso não possa fazê-lo, ou não queira se pronunciar, delega, excepcionalmente, ao assessor de imprensa para representá-lo.

2 – ASSUMA SEUS ERROS. Pedir desculpas publicamente é a melhor alternativa em determinadas situações. Reconheça sinceramente a fatalidade e tenha alternativas viáveis para se retratar.

3 – O INTERESSE PÚBLICO EM PRIMEIRO LUGAR. Nem tudo é considerado pelos jornalistas assunto de interesse público. Consulte sempre seu assessor de imprensa ou de relações públicas antes de grandes ações de comunicação. Eles estão aptos a transformar suas novidades em notícia.

4 – SEJA FONTE. Conheça os jornalistas que fazem cobertura de sua área de atuação, e contribua como fonte para as reportagens que eles venham a fazer. Conquiste o respeito deles.

5 – SUA OPINIÃO É IMPORTANTE. Não recuse entrevistas que envolvam temas relevantes que interessam ao público, mesmo que não tenham relação tão direta com seu segmento de atividade. Se você foi procurado para falar, é sinal de que tem credibilidade ou entende do assunto. Se você não falar, outros falarão.

6 – NÃO LEVE NADA PARA O LADO PESSOAL. O repórter não é seu amigo, muito menos seu inimigo. Ele é um intermediário entre você e as pessoas que precisam ser informadas. Se ele lhe ouviu e procurou outra fonte para fazer um contraponto, está exercendo sua atividade jornalística, nada mais do que isso.

7 – TAMANHO NÃO É DOCUMENTO. Atenda

igualmente às solicitações de repórteres tanto de pequenos quanto de grandes veículos. Quem hoje está no pequeno pode migrar amanhã para o grande.

8 – A MATÉRIA É DO JORNALISTA, NÃO SUA. Você não decide o conteúdo da reportagem, portanto nunca fale ao jornalista o que ele deve ou não escrever, a não ser que seja consultado. E nada de ler a reportagem antes de ser publicada.

9 – PENSAR ANTES DE FALAR. Tudo o que você disser a um jornalista poderá ser publicado, tanto em uma entrevista quanto em um encontro casual. Portanto, evite falar de temas sigilosos e responda apenas ao que for perguntado. Não seja irônico. Piadinhas e comentários jocosos podem ser mal interpretados.

10 – SEJA SIMPÁTICO, MAS NÃO BAJULE. Você é o porta-voz de sua companhia: comporte-se como tal. O fato de aquele jornalista ser estrategicamente interessante para seu trabalho não dá margem para que você o bajule. Isso pode ser encarado como uma espécie de suborno.

11 – SEJA HUMANO. Mostre-se uma pessoa com sentimentos sinceros. Os repórteres têm mais simpatia por pessoas do que por um órgão governamental ou instituição.

12 – TREINE SUAS SECRETÁRIAS E RECEPCIONISTAS. Muitas vezes elas são as primeiras pessoas a ter contato com a imprensa. O mau atendimento resulta em perda de oportunidades.

PREPARE-SE PARA SER ENTREVISTADO

No contato com a mídia, a ENTREVISTA é a mais preciosa oportunidade para passar a mensagem de uma empresa ou entidade. É nesse momento que uma organização pode expor seus planos, metas e valores ou responder a EXPECTATIVAS do mercado e de seu público. Mas também pode ser motivo de o porta-voz escorregar, e feio.

Por isso, sugerimos os seguintes procedimentos:

- Busque informações sobre o entrevistador: tanto em relação ao repórter quanto ao veículo em que ele trabalha. Conheça a linha de PENSAMENTO da publicação. Assim, fica mais fácil envolvê-la no assunto.

- Planeje suas ideias. Destaque os PRINCIPAIS PONTOS a serem comunicados.

- Prepare-se para questões fora do padrão e POLÊMICAS. Afinal, um jornalista é questionador por natureza.

- As mensagens devem ser CLARAS, CURTAS e RELEVANTES.

- Não se esqueça: você é o representante da organização. Portanto, fale com entusiasmo e segurança.

- Seja CARISMÁTICO e demonstre interesse. Na televisão, olhe para o entrevistador, não para a câmera.

- A NATURALIDADE é essencial. Faça da entrevista uma CONVERSA.

- Lembre-se: você é uma pessoa APAIXONADA pelo que faz, não um robô programado para certa entrevista.
- Quando não souber uma resposta, deixe claro. E, se possível, mostre-se disposto a ESCLARECER as dúvidas do jornalista.
- Não repita comentários DEPRECIATIVOS e CALÚNIAS. Concentre-se nos aspectos POSITIVOS e nas SOLUÇÕES propostas para determinado problema.
- Evite JARGÕES e termos TÉCNICOS. Ninguém é obrigado e entender tudo o que disser.
- NUNCA diga mentiras.
- RELEIA OS ITENS ACIMA E TREINE. Somente com a prática você pode dominar a arte de se expressar.

AS TRÊS MENSAGENS DE UMA ENTREVISTA

Toda entrevista é uma oportunidade para pôr sua empresa em evidência. Para aproveitar essa chance ao máximo, é importante ter FOCO e OBJETIVIDADE. Antes do encontro com o jornalista, elencar três pontos-chave a serem abordados na conversa é um bom exercício de preparo. Isso faz com que você pense no que vai falar, organize suas ideias e decida, de antemão, qual a mensagem que quer passar.

A escolha dos assuntos deve ser feita cuidadosamente. O ideal é que você fale sobre FATOS, NÚMEROS e ARGUMENTOS e não utilize a entrevista simplesmente para mencionar o nome de seu produto ou empresa. Pense na RELEVÂNCIA de seus pontos-chave para que a conversa possa render um resultado interessante.

Ter informação para dar consistência a suas respostas também é essencial. Assim, você poderá ilustrar seus argumentos de várias maneiras, SER CLARO e fixar sua mensagem, mesmo em entrevistas curtas.

Ter um objetivo claro para o encontro com o jornalista torna esse compromisso muito mais fácil para ambos os lados. Você desenvolverá mais CONFIANÇA ao falar com a mídia. Os pontos-chave são uma maneira de ter controle sobre a entrevista, dando o foco desejado. É possível trazê-los para a conversa e repeti-los, de forma concisa, quando tiver chance. Além disso, essa disciplina evita que você seja pego de surpresa pelo repórter, oferecendo CONTEÚDO para uma matéria que seja positiva para sua empresa.

JOGUE O "CHUTÔMETRO" PARA ESCANTEIO

Quantas vezes já não ouvimos uma empresa afirmar que cresceu 20%, 30%, 50%... Que SUPEROU AS METAS em 10%, 15%... Definitivamente, a calculadora de muitos empresários e executivos ainda não admite números terminados com 1, 4, 7.

Infelizmente, ainda é comum presenciarmos porta-vozes que abrem mão de NÚMEROS PRECISOS, fidedignos, em nome do CHUTÔMETRO. Não há má intenção nessa atitude, e sim a percepção de que mencionar um número cheio é suficiente para satisfazer os jornalistas, quase sempre sedentos por números.

Informações como "crescemos 30%", "vendemos 50% a mais" e "ampliamos 100%" são vazias e, certamente, não despertam a atenção dos jornalistas. Primeira pergunta: A EMPRESA CRESCEU EM QUAL QUESITO? FATURAMENTO, CARTEIRA DE CLIENTES? Seja preciso.

"Incrementamos em 18,5% nosso faturamento em 2010 em comparação com o mesmo período de 2009"; "O departamento comercial registrou alta de 14,7% em exportações para a América Latina nos três primeiros meses do ano" ou "A empresa ampliou em 7,05% a equipe de produção diante do bom momento da economia". Estão aí bons exemplos de dados que serão considerados VEROSSÍMEIS e despertarão entre os repórteres a SENSAÇÃO DE TRANSPARÊNCIA do porta-voz.

Números como esses reforçam a CREDIBILIDADE e podem propiciar, mais facilmente, ENTREVISTAS EXCLUSIVAS, notas com gráficos e até participação em programas de TV. A não ser que a conta final do balanço tenha dado 30,000000%.

ALÔ! JORNALISTA?

Ao correr contra o relógio, o repórter o procura para obter INFORMAÇÕES INSTANTÂNEAS para uma matéria. Nada de esperar até amanhã e agendar um encontro pessoal. Para falar, tem de ser agora!

Situações assim não são raras e muitas vezes ocorrem de forma não intencional. O jornalista sempre alega falta de tempo, mas o executivo e sua secretária não podem esquecer-se jamais de uma regra: repassar a solicitação para a consultoria de comunicação.

O que fazer se a empresa não tiver um GESTOR DE COMUNICAÇÃO EMPRESARIAL para intermediar o pedido da reportagem? Em situações como essa, a reação do executivo pode ser de ego inflado ou de medo incontido. Recusar a entrevista "queima o filme", mas nem por isso você está sem saída. O fantasma não é tão feio assim.

O segredo é ATENDER SEMPRE, MAS COM MODERAÇÃO. Primeiro passo: apure com o repórter qual é a pauta e tente compreender o escopo da reportagem. A hipótese de não dar entrevista deve ser descartada, exceto quando você desconhecer realmente o assunto. Nesse caso, seja sincero.

Se decidir atender o repórter, esteja munido de ESTATÍSTICAS E NÚMEROS da sua empresa e de seu setor. NÃO FALE EM *OFF*. O jornalista pode não revelar a fonte, e isso faz com que o assunto cresça e vire uma dor de cabeça futura.

CAPITAL ABERTO, BOCA FECHADA

Uma grande empresa, em meio a um vigoroso momento de expansão, decidiu apostar na ABERTURA de capital. Mas a primeira oferta pública de ações – muito conhecida pela sigla em inglês IPO (*Initial Public Offering*) – implica MUDANÇAS radicais, a começar pela comunicação.

No instante em que oficializa seu interesse em ofertar ações na bolsa de valores, a companhia deixa de lado qualquer previsão, projeção e ESPECULAÇÃO. Não diga que espera crescer tanto ou alcançar faturamento recorde no ano. Uma informação como essa, que não passa de futurologia, pode causar punições da bolsa, com prejuízo certo para o processo de IPO.

Aliás, a Comissão de Valores Mobiliários (CVM), reguladora do mercado de ações, determina que, no período que antecede o lançamento de ações, a empresa não pode se MANIFESTAR na mídia até a publicação do Anúncio de Encerramento da Oferta.

As estratégias de negócio e investimentos – em outras palavras, as informações que têm mais valor para os jornalistas – não podem mais ser compartilhadas com a mídia. Os porta-vozes devem EVITAR EXPOSIÇÃO e entrevistas. Só o presidente pode falar, e mesmo assim com CAUTELA.

O que divulgar então? A companhia pode restringir-se a falar sobre AÇÕES já realizadas, sem mencionar indicadores financeiros, ganhos produtivos ou estimativas, como uma abertura de loja ou filial, um novo serviço ou TECNOLOGIA (sem investimentos), um projeto de marketing... Portanto, não faltam assuntos para abordar, mas sempre via comunicados de imprensa, sem aspas, diretos e sucintos.

O PÓS-ENTREVISTA

Por definição, a entrevista jornalística representa um INSTRUMENTO DE OBTENÇÃO DE NOTÍCIAS. Pode nascer da iniciativa do jornalista ou ser suscitada (informalmente) por alguém interessado em conquistar espaço nos meios de comunicação para si ou para seu cliente. Mas, para o entrevistado, o objetivo é outro: DIVULGAR SUA EMPRESA, DIFUNDIR UMA IDEIA etc. Os interesses, em princípio, não coincidem, mas podem ser convergentes.

Isso, porém, só é possível se você tiver alguns preceitos em mente. Primeiro: o JORNALISTA NÃO É SEU AD-

VERSÁRIO simplesmente porque fez perguntas indesejadas ou aproveitou somente três dos 30 minutos de conversa. É costume o repórter CRUZAR INFORMAÇÕES com as de outras pessoas para fornecer a notícia da forma mais completa possível. Sem contar a interferência – quase sempre marcante – do editor. E tem mais. Pode ser que seu discurso durante a entrevista não estivesse afinado com os anseios e necessidades. VOCÊ FOI UM BOM PORTA-VOZ? Faça esse questionamento.

NUNCA se utilize de MEIOS COMERCIAIS OU PESSOAIS para garantir que a entrevista seja publicada. Em pouco tempo, você destrói uma relação que poderia se tornar ainda mais proveitosa, desprezando o trabalho da consultoria em comunicação empresarial. Também evite pedir para avaliar a entrevista antes da veiculação. Se houver algum receio, informe a sua consultoria de imprensa e ponha-se à disposição do repórter para esclarecer dúvidas.

Uma vez que a entrevista for publicada, é muito importante avaliar a forma como a notícia foi apresentada, o ESPAÇO OCUPADO POR VOCÊ E PELOS CONCORRENTES. Vale ressaltar que as críticas não devem ser levadas a ferro e fogo; elas ajudam a promover a pluralidade de ideias. Se houver dados negativos na matéria, CALCULE se vale a pena apontá-los. Às vezes, é pôr lenha em uma fogueira que estava prestes a se apagar.

Antes de sair questionando o mundo, procure AVALIAR O QUE ESTÁ EM VOCÊ. Falei ao jornalista o que tinha de ser dito? Ajudei o repórter a enxergar o panorama do setor? Em suma, exercite a AUTOCRÍTICA.

O QUE FAZER QUANDO A ENTREVISTA NÃO VAI AO AR?

A agenda de todo executivo é CONCORRIDÍSSIMA. Nada, ou melhor, quase nada faz com que esses profissionais cancelem compromissos. Uma das exceções é o ATENDIMENTO À IMPRENSA, pela consciência que têm da importância de divulgar ações e novidades de sua empresa ao grande público.

Mas, e quando a expectativa dá lugar à DECEPÇÃO? A entrevista ocorre com êxito, mas sua declaração é cortada na edição. O que fazer para conter essa frustração?

Quando a entrevista é feita por telefone, tudo fica mais fácil. Pode acontecer nos intervalos das reuniões ou compromissos. Agora, quando o assessor liga informando de uma gravação para a TV e a produção exige que a matéria seja ambientada do outro lado da cidade, a situação exige mais do entrevistado. O executivo, com toda a boa vontade, CANCELA SEUS COMPROMISSOS e pega o carro, aproveitando as duas horas parado no trânsito para ESTUDAR O *BRIEFING*.

Se for um executivo novo, que não está acostumado

às câmeras, é preciso ligar o SINAL DE ALERTA. Realmente, ele ainda precisa se aprimorar mais, e quem tem essa missão de orientá-lo é seu ASSESSOR DE IMPRENSA. Agora, se for experiente, ACOSTUMADO ÀS ENTREVISTAS, basta ao assessor verificar com a produção os motivos do corte.

Nesses casos, a abordagem do repórter pode não ter sido a prevista pelo editor, ou por motivo de tempo a TV teve de dar outro enfoque à matéria. Em ambos os casos, o executivo não precisa se DESESPERAR, tampouco ficar IRRITADO com a TV e se negar a atender demandas futuras. NÃO FECHE PORTAS. Cada caso é um caso. Certamente, você voltará a ser procurado e verá novamente sua empresa e sua imagem em DESTAQUE NA TV.

PARA FALAR COM A IMPRENSA, POR QUE NÃO TREINAR?

Quanto tempo é necessário para aprender a LIDAR COM A IMPRENSA e aproveitar melhor as entrevistas? A resposta é subjetiva. Varia muito de profissional para profissional. No entanto, diversos cursos e palestras existentes no mercado se propõem a ensinar executivos e empresários a DESVENDAR OS SEGREDOS que envolvem a aproximação com a mídia. Em geral, esses treinamentos têm duração de duas a 12 horas.

Claro que em uma palestra de duas horas ou em um

curso de dois dias não se aprende todos os meandros que envolvem as complexas relações entre empresas e imprensa. Os modelos de *media training* mais comuns constituem-se basicamente em três módulos: meio dia, um dia e dois dias.

O módulo de MEIO DIA consiste em uma palestra de duas horas, em que são abordados temas como o funcionamento da mídia. Atende bem a grupos de executivos que necessitam ter noções sobre o que é notícia e saber as REGRAS BÁSICAS nas relações com a mídia.

No curso que dura o dia inteiro, a carga horária média de seis horas engloba ainda EXERCÍCIOS PRÁTICOS diante das câmeras de TV para os executivos mais graduados da empresa. Dois dias de treinamento apresentam temas mais aprofundados. Em geral, exigem dos organizadores levantamento e ESTUDO DE SITUAÇÕES DE CRISE em potencial e exercícios para os treinandos, que exploram situações de emergência concretas.

Os *workshops*, palestras e cursos de *media training* são, na maioria das vezes, feitos SOB MEDIDA para as empresas, mas também existem aqueles que podem ser acompanhados por profissionais de diversas áreas e empresas.

Para construir uma imagem de credibilidade, as empresas devem prover treinamentos não apenas a porta-vozes, mas também a assistentes, gerentes e – por que não? – a RECEPCIONISTAS E TELEFONISTAS, muitas vezes os primeiros profissionais a ter contato com os repórteres que procuram a companhia.

VAMOS PENSAR EM *MEDIA TRAINING*?

Não existe o momento exato para fazer a equipe treinar. E a oportunidade pode ser agora, com um programa de *MEDIA TRAINING*. Um exercício fundamental em um cenário que sofre mudanças desde a década de 90, período em que a democratização enfraqueceu a figura oficial dos PORTA-VOZES e deu abertura a um número cada vez maior de fontes jornalísticas. Para completar, vieram a internet e seus desdobramentos em redes sociais.

A velocidade com que um acontecimento vira notícia internacional é surpreendente, levando especialistas a afirmar que o *delay* do mundo é de aproximadamente 2 minutos. Antes mesmo de um TERREMOTO terminar, ele possivelmente já está repercutindo a quilômetros de distância. E se um tremor em forma de crise atingir a sua empresa? Você está preparado para se posicionar?

O *media training* é o caminho mais curto e eficaz para ORIENTAR executivos e acionistas a aproveitar ao máximo as possibilidades durante uma entrevista ou declaração pública. A imprensa não nos procura somente na hora de crise. Notícias boas também são bem-vindas. Mas é preciso HABILIDADE para transformar todas as oportunidades em resultados positivos.

Segundo Francisco Viana, autor de *Comunicação Empresarial de A a Z*, o *media training* converge para um ponto prático e definitivo: a COMUNICAÇÃO BEM FEITA É LUCRO que se realiza, ou que deixa de se realizar. Se o momento é ideal para planejar estrategicamente o próximo ano, pense em ter uma equipe preparada.

Mas que equipe é essa? O *media training* deve ser prioridade para acionistas, presidentes, diretores e altos executivos, ou seja, para profissionais capacitados a responder pela empresa.

Qual é o melhor momento? Uma boa capacitação necessita de verba e tempo. Assim, comece a se planejar agora para que no próximo ano haja *budget* e espaço na agenda.

Como fazer o treinamento? Procure uma EMPRESA DE COMUNICAÇÃO que possa projetar o curso de acordo com a realidade de sua organização. Algumas empresas contratam jornalistas famosos para o treinamento, o que requer cuidados. Não se deve perder o FOCO nem transformar o treinamento em um *show*. O *media training* deve estar alinhado com as necessidades e expectativas da instituição.

NETWORKING COM JORNALISTAS

No mundo corporativo é comum CULTIVAR AMIZADES e relacionamento com clientes, fornecedores e parceiros, com o intuito de manter um BOM CONTATO e facilitar os negócios. Nas relações com a imprensa, isso também pode ser muito útil.

Muitas companhias mantêm programas de RELA-CIONAMENTO com a imprensa – hotéis oferecem hospedagens, restaurantes distribuem cortesias, gravadoras enviam CDs etc. Dependendo da atividade da empresa, essa iniciativa fica um pouco mais complicada, mas é aí que entram a criatividade e a mão da assessoria de imprensa.

Se sua empresa patrocina um *show* ou uma peça de teatro, distribua alguns CONVITES para a imprensa. Não espere uma cobertura do evento, deixe os jornalistas à vontade. Mas, se houver oportunidade, mostre-se disposto a apresentar um perfil de sua empresa e suas áreas de atuação.

Outra ação usual são os convites de VISITA à empresa ou mesmo uma ida à redação. Se você já foi entrevistado uma ou mais vezes por um determinado jornalista por telefone, convide-o para conhecê-lo pessoalmente. Editores raramente recusam um convite para um almoço se você é uma fonte confiável de consulta.

Embora muitos jornalistas não gostem de tocar no assunto, os contatos e convites contribuem na hora de AVALIAR uma pauta ou mesmo escolher uma fonte. Se você tem dois orçamentos iguais, mas foi muito BEM TRATADO por uma das empresas e teve um atendimento frio da outra, qual escolherá? O mesmo vale para jornalistas.

Quando eles já o conhecem e sabem que você está sempre disposto a CONTRIBUIR, não perderão seu precioso tempo procurando outra fonte.

Faça bons contatos e eleja os seus "alvos", com o auxílio do seu assessor de imprensa. A COMPENSAÇÃO a longo prazo costuma ser excelente e duradoura.

NO CARDÁPIO, RELACIONAMENTO

ALMOÇOS DE NEGÓCIOS são comuns na agenda de executivos. Na comunicação empresarial essa também é uma prática estratégica. E sentar-se à mesa com um jornalista sempre rende bons resultados.

A opção por esse tipo de encontro pode ser motivada quando se tem uma boa HISTÓRIA para contar. A assessoria de imprensa deve identificar o melhor espaço e convidar o editor da publicação. Mas pode ocorrer também o fato de não haver novidade alguma. Nesse caso, o almoço vale como uma APRESENTAÇÃO de fonte. Os contatos e as especialidades do porta-voz vão para a agenda do repórter, que mais cedo ou mais tarde poderá pedir uma entrevista.

É sempre bom lembrar certos cuidados. O primeiro é convidar o jornalista certo, que cobre o segmento e tem interesse em conhecer sua empresa e seu porta-voz. Não adianta chamar qualquer repórter. O alvo deve ser o EDITOR, que pode ir pessoalmente ou destacar um repórter de sua confiança.

Nada de levar o jornalista ao "quilo" da esquina ou ao restaurante mais caro da cidade. Basta um LUGAR AGRADÁVEL, silencioso e com boa comida. Também é preciso ter cuidado com o relógio. Normalmente, os jornalistas trabalham nas redações na parte da tarde. Por isso, o almoço não deve ser prolongado.

Entre garfadas e goles, conte um pouco de sua história e de sua EMPRESA. Não deixe de falar das novidades mais recentes, mesmo que já tenham sido divulgadas. Também se informe sobre a publicação e as últimas matérias escritas pelo jornalista. Pega bem. O assessor de imprensa também é parte importante desse encontro. Embora seja coadjuvante na maior parte do tempo (o jornalista quer ouvir a fonte), é dele a responsabilidade de introduzir assuntos e MUDAR O RUMO da conversa quando for necessário.

Os resultados sempre são surpreendentes. Mesmo que não haja uma matéria em um primeiro momento, pelo menos seu nome vai para a AGENDA da imprensa. O contato deve ser mantido pelo assessor, que vai alimentá-lo com novos *releases* e informações. Valem o investimento e o tempo despendido.

Uma observação pertinente: o *PRESS KIT* (com os últimos *releases* divulgados e brindes como blocos de anotação, caneta, chaveiro etc.) deve ser entregue na despedida.

SEGUNDO O ESPECIALISTA...

Numa época em que a CONCORRÊNCIA chega a ser desleal, não há como abrir mão de estratégias que valorizem as competências profissionais. Empenhar-se para ser o melhor, único e diferente já é tarefa básica para quem almeja negócios bem sucedidos e carreira consolidada. O caminho mais curto e certeiro para isso é se tornar um *EXPERT*.

Ao abrir um jornal ou uma revista, assistir a um telejornal ou ouvir notícias pelo rádio, certamente você vai deparar com um ESPECIALISTA. Aliás, a mídia – e também os espectadores – adora ouvir consultores especializados em determinado assunto. Com tanto campo fértil, não é difícil tornar-se referência em uma área específica e ganhar NOTORIEDADE.

Seja no âmbito educacional, turístico, de saúde, seja no de negócios, é imprescindível introduzir as OPINIÕES nos *press releases*. As citações conferem CREDIBILIDADE às informações divulgadas. Além disso, é importante estar preparado para fazer previsões e sinalizar mudanças no campo de atuação. Escrever artigos também ajuda muito.

Ter o trabalho reconhecido não é suficiente para ganhar DESTAQUE no mundo jornalístico. Então, outra dica é conversar com o maior número de jornalistas possível em eventos para a imprensa e expor suas opiniões. O bom relacionamento é condição fundamental para a exposição da empresa e para reforçar a imagem. Criar um *NET-WORKING* pode garantir seu nome em muitas matérias, uma vez que há possbilidade de você se tornar uma fonte recorrente.

Tenha a certeza de que seu nome esteja nos artigos de sua área de atividade. Escreva cartas e pequenos textos opinativos para os veículos. Marque PRESENÇA em sua página de internet e em publicações *online*. Explorar novas mídias é uma forma de estar familiarizado com as futuras gerações cibernéticas.

Faça cursos e esteja sempre ATUALIZADO, porque é uma maneira de continuar sendo formador de opinião. E não se pode desprezar a ajuda do assessor de imprensa, que conhece os métodos para REFORÇAR o trabalho com a mídia. Ter atenção aos detalhes, conhecimento do tema, olho clínico para RECONHECER OPORTUNIDADES e saber aproveitá-las são iniciativas valiosas para conquistar espaço em jornais e revistas.

ESPALHE SEU CONHECIMENTO. ESCREVA.

Você está ansioso para receber um jornalista em seu escritório e ser tema de uma grande reportagem sobre o setor ou sua empresa? Se isso realmente acontecer, parabéns a você e à sua agência de comunicação corporativa. Mas, em vez de esperar tal oportunidade, quase sempre um difícil desafio, os ARTIGOS JORNALÍSTICOS podem ser um BOM ATALHO para aparecer na mídia.

Nesse espaço, empresários e executivos MOSTRAM SUA CARA e convidam o leitor a fazer reflexões sobre os mais variados temas, pertinentes à economia nacional, internacional, finanças ou mesmo sobre o setor de atividade em que atuam. Com uma visão pessoal e especializada, fatalmente um articulista contribui para INFLUENCIAR PENSAMENTOS, decisões e tendências.

E as PUBLICAÇÕES SÃO BEM RECEPTIVAS a profissionais dispostos a redigi-los. É claro que não é possível falar de seus serviços nem de produtos. Mas seu nome e o de sua empresa estampados na página, algumas vezes acompanhados de foto, podem valer PONTOS PRECIOSOS PARA SUA CREDIBILIDADE.

Pode-se começar um artigo com a apresentação do assunto, para levar o leitor ao contexto do tema, expor ARGUMENTOS no miolo do texto e arrematar com uma CONCLUSÃO OBJETIVA. Ou então lançar interrogações que ponham em dúvida paradigmas e ideias consagradas. Consultores empresariais usam esse recurso com notáveis frequência e habilidade.

O artigo deve apresentar uma VISÃO MINUCIOSA E CRÍTICA do seu setor, mas sem "achismos". Se você tem formação em administração, comente sobre os segredos de uma boa gestão empresarial. Se o mercado em que atua é voltado para a economia do Brasil, mencione possíveis problemas causados pela falta de uma política governamental estratégica.

Sobram sugestões de formas e temas. E tem mais: os ARTIGOS COSTUMAM REPICAR com incrível velocidade em *sites* especializados ou fóruns de discussão. Resta dedicar parte de seu tempo a essa tarefa. Para não ter dúvidas, deixe que seu assessor de imprensa se encarregue da redação, com as devidas orientações. Por que não aproveitar?

NÃO ATROPELE A GRAMÁTICA

Ao se pronunciar em público, alguns executivos mal preparados cometem deslizes com o bom português. *Fazem nove anos; para mim entender; meia prejudicada* são erros primários que mostram lacunas no processo de educação e de preparo de porta-vozes.

Ter sempre à mão um bom livro de gramática da língua portuguesa e consultar regularmente dicionários são práticas obrigatórias para sanar dúvidas. O corretor do computador ajuda e detecta alguns erros de grafia, mas é necessário cuidado para não acatar todas as sugestões.

Veja os erros mais comuns:

- *Fazem* muitos anos

Relembrando: quando o verbo *fazer* se refere a tempo ou indica fenômenos da natureza, ele deve permanecer na terceira pessoa do singular, pois é impessoal, não tem sujeito e por isso não pode ser flexionado. O certo é: *Faz sete anos que resido em São Paulo. Faz dois meses que estou na empresa.*

- *Houveram* comentários

A mesma regra deve ser aplicada para o verbo *haver* quando usado no sentido de existir. Por exemplo: *Havia formigas em cima do bolo*, e não *haviam formigas*. *Houve comentários favoráveis à proposta*, e não *houveram*.

- Explique melhor para *mim* entender

O pronome pessoal *eu* deve sempre ser usado antes do verbo no infinitivo. Só se usa o 'mim' quando não houver um verbo depois do *para* – *Maria trouxe os documentos para mim* – ou para completar o sentido de adjetivos (*É impossível para mim aceitar essa proposta*).

- Estou me sentido *meia* prejudicada

É uma incorreção flexionar o advérbio *meio*. O deslize deixa a imagem do interlocutor *meio prejudicada*, e não *meia prejudicada*. Já o adjetivo *meia* tem flexão: *meia entrada, meia carga...*

- Haja *visto*

A expressão não existe. O correto é haja *vista*, terceira pessoa do imperativo do verbo haver acrescida de vista, um substantivo feminino. Exemplo: *Haja vista as informações de suborno noticiadas pela mídia*.

- Quando ele *vir* ao seu encontro...

Para não errar, lembre-se de que o verbo *vir* exige a forma *vier*. *Quando ele vier para o trabalho...* – e não: *Quando ele vir...* Por outro lado, o verbo *ver* exige a forma *vir*. *Se os médicos virem o diagnóstico* – e não *Se os médicos verem...*

Se você não comete esses erros, parabéns! Se necessita de aprimoramento, estude. O livro *Superdicas para Escrever Bem Diferentes Tipos de Texto*, de autoria de Edna M. Barian Perrotti, da Editora Saraiva, pode ser um bom caminho.

ASSESSORIA DE IMPRENSA PARA QUÊ?

O QUE UMA ASSESSORIA PODE FAZER POR VOCÊ?

Em tempos de corte de despesas, abrir mão de um serviço de assessoria de imprensa soa como uma decisão óbvia. Mas com certeza essa atitude é um pecado mortal, especialmente para as PEQUENAS E MÉDIAS EMPRESAS. Sem demandar um custo alto, uma agência de comunicação MANTÉM A COMPANHIA NA MÍDIA mesmo em tempos de vacas magras. E ela ainda tem condições de fazer muito mais por você.

Cada vez mais a consultoria em comunicação não se

limita a intermediar as relações entre empresa e imprensa. O conceito de COMUNICAÇÃO INTEGRADA ganha força e possibilita que a companhia maximize receitas, assim como angarie novos clientes e parceiros. Sem contar a motivação que pode proporcionar ao *staff*, que encontra nas páginas de jornais e revistas matérias positivas sobre a corporação em que atua.

Com faro para diagnosticar fatos realmente noticiosos na empresa, a consultoria poderá abrir suas portas para soluções eficazes e, ao mesmo tempo, econômicas, fazendo com que seu trabalho ATINJA DIFERENTES PÚBLICOS-ALVO. Ela pode produzir BOLETINS ELETRÔNICOS E IMPRESSOS para consumidores ou fornecedores, ajudar a organizar seminários sobre sua área de atuação (garantindo quórum), desenvolver seu *site* como ferramenta para captar mais negócios...

Outra missão da consultoria envolve a CAPACITAÇÃO E O TREINAMENTO DOS PORTA-VOZES, para se relacionar com a mídia. Sabendo se portar em entrevistas, seus principais executivos terão muito mais facilidade para lidar com situações críticas no âmbito interno. Sua agência de comunicação também pode assumir a função de sondar detalhadamente na imprensa o que está fazendo a concorrência. Suas estratégias de marketing vão ganhar novo vigor.

A expansão de satélites e sinais digitais, as facilidades para publicar uma revista ou jornal e o *BOOM* DA INTERNET são ventos a favor, e investir na comunicação empresarial é palavra de ordem. Não é publicidade nem marketing. É ESTRATÉGIA DE COMUNICAÇÃO. É a garantia de que a pequena empresa não vai desaparecer na tempestade. Se quiser marcar presença só na bonança, quase ninguém vai reparar.

PUBLICIDADE OU ASSESSORIA DE IMPRENSA?

Ao observar um aviãozinho que sobrevoava a praia com uma propaganda no rabicho, refleti sob o intenso fogo cruzado das MENSAGENS PUBLICITÁRIAS. Não há como escapar. No carro, no avião, pelo correio, no supermercado, no elevador e até no banheiro. Em qualquer lugar, estamos expostos a um sem-número de anúncios, cupons, *outdoors*, ofertas de degustação, pôsteres, convites diversos etc.

Para estar na MENTE DOS CONSUMIDORES, as empresas investem grandes somas todos os anos. Seja em campanhas de lançamento ou reposicionamento de produtos ou serviços, seja para anunciar uma fusão ou novo nome, as verbas de publicidade estão cada vez mais milionárias.

Mas REFLITA por um minuto. Por que as agências de propaganda não anunciam? Elas vendem espaço publicitário a outros, mas não utilizam para si. Para a construção da própria imagem, as agências utilizam ações de relações públicas.

Qual é o papel da propaganda no lançamento do Viagra, nas vendas do Playstation, na Intel ou nas atividades da rede varejista Zara? NENHUM! Você se lembra de algum anúncio dessas marcas? NÃO! A conquista do consumidor se deu com iniciativas fundamentadas em assessoria de imprensa e relações públicas.

Atualmente, para o sucesso da empresa e dos produtos e serviços a ela ligados, executivos de marketing consideram essenciais um produto bem desenvolvido, planejamento estratégico sem furos e conquista de CREDIBILIDADE NA MÍDIA. Por quê? Diante do grande volume de propaganda veiculada em todos os meios e lugares, os consumidores tornaram-se CÉTICOS E CAUTELOSOS.

Eles DESCONFIAM cada vez mais dos anúncios. Mas confiam no que leem nos jornais, ouvem no rádio ou veem na televisão – enfim, nas recomendações de fontes independentes e bem informadas. Verificam, sim, os anúncios, mas apenas para CHECAR PREÇOS!

CONSELHEIROS DA NOTÍCIA

Nem sempre um fato vira NOTÍCIA. Outras vezes, um assunto escondido entre as inúmeras tarefas do dia a dia poderia virar, mas não vem à tona. Em qualquer um desses casos, converse com seu ASSESSOR.

Quando se jogam penas ao vento, nunca se sabe onde elas cairão. É mais ou menos o que acontece com notícias divulgadas de qualquer forma. E isso pode trazer CONSEQUÊNCIAS até mesmo DESASTROSAS. Afinal, a IMAGEM da empresa está em jogo, acompanhada pelo faturamento e pelos clientes.

Após a análise do fato, é fundamental estabelecer ESTRATÉGIAS. Pensar em que tipo de veículo pode haver maior RECEPTIVIDADE da pauta. Os OLHOS CLÍNICOS do gestor de comunicação mais uma vez entram em ação para promover a ponte entre o veículo noticioso e a empresa.

Em caso de entrevistas, esqueça a hipótese de atender diretamente telefonemas de jornalistas em seu escritório. Depois não vá reclamar. PREPARE-SE com seu gestor para levantar todo e qualquer dado e estudar possíveis "pegadinhas". Informações vazias derrubam matérias. Informações erradas ou confidenciais prejudicam o executivo. O jeito é ter em mãos dados PRECISOS, INTERESSANTES e bem ARTICULADOS.

Um bom produto na mão de um vendedor inexperiente não vai alcançar o PRESTÍGIO merecido. A divulgação das empresas segue a mesma lógica. Com o respaldo do assessor, a notícia ganhará mais VISIBILIDADE. Além de lapidar o assunto a ser divulgado, é imprescindível saber NEGOCIÁ-LO.

Manter uma BOA COMUNICAÇÃO com o consultor

de imprensa é fundamental. Acessá-lo nas horas de dúvidas é obrigação. Dar palpites e pedir orientação é PRODUTIVO. Mantê-lo informado do que acontece com a companhia é MISSÃO.

Daqui por diante, antes de jogar dinheiro e informação ao vento, CONVERSE COM SEU CONSULTOR.

BOA NOTÍCIA PARA QUEM?

A previsão de tempo é boa para quem? Para o agricultor cuja lavoura precisa de chuvas ou para o veranista que está no litoral de férias? Boa para uns, ruim para outros. Esta é a dinâmica do universo da INFORMAÇÃO. Raramente ela agrada a todos.

No mundo do jornalismo, poucos fatos têm apenas uma versão ou satisfazem 100% da opinião pública. Qualquer notícia tem sempre DOIS OU MAIS LADOS. Quando focam uma empresa, instituição ou pessoas em uma reportagem, os profissionais de imprensa não estão atrás do bem ou do mal. Estão apurando ACONTECIMENTOS, inovações, serviços e retidão das informações recebidas. Independentemente do foco, para a mídia são apenas notícias.

Já para uma empresa ou instituição não é bem assim. Mesmo que a ABORDAGEM venha a ser positiva, ser objeto de uma matéria sempre traz preocupações. Para a mídia, a prioridade é despertar a atenção do maior número de leitores. Já para o mundo corporativo, o objetivo é ter suas operações retratadas na mídia, o que auxiliaria na realização de seus negócios e de sua missão.

Para os meios de comunicação, NOTÍCIA POSITIVA é a que foi captada em primeira mão, ou de modo exclusivo, e cuja veiculação repercute em tiragem, audiência (rádio e televisão) ou acessos ao *site* da publicação.

Uma notícia ruim de uma empresa pode ser um sucesso jornalístico. Para instituições alvo de uma reportagem negativa, é prejuízo na certa na imagem, no faturamento, em relacionamentos, nos negócios – não necessariamente nessa ordem.

Como sair ileso de tudo isso? As empresas e os principais executivos precisam estar preparados para SITUAÇÕES ADVERSAS.

Muito esforço é feito pelos assessores de imprensa para que fatos da empresa apareçam no noticiário de maneira positiva. Não adianta nada esconder-se em momentos delicados ou negar fatos indesejados que ganharam notoriedade pública. Pode-se até reverter a situação. Para tudo há solução ou reparo possível, desde que se jogue limpo e se consiga passar uma IMAGEM FRANCA, ABERTA E VERDADEIRA.

PEQUENAS PAUTAS DE TODOS OS DIAS

Está esperando os grandes acontecimentos da empresa para aparecer na mídia? Saiba que as NOTÍCIAS PODEM ESTAR BEM À SUA FRENTE. Fatos, números, trajetórias de colaboradores... Boa parte das pequenas pautas do dia a dia é, sim, passível de divulgação para a imprensa.

O primeiro passo consiste em abrir a empresa ao seu consultor de comunicação. Faça dele um CONFIDENTE e o municie de informações. Dê respaldo para que ele possa obter o MÁXIMO DE DETALHES sobre você e as atividades da companhia.

Se a empresa tem algum programa de preservação ambiental, divulgue-o. O mundo está voltado para essa questão. As POLÍTICAS DE INCENTIVO PROFISSIONAL também são bem-vindas.

Seu quadro de funcionários é composto de muitos jovens? Mostre que sua companhia é moderna e acredita na capacidade e no comprometimento dos novos talentos. E, caso haja um colaborador galgando espaços na corporação – alguém que começou como *motoboy* e se tornou um gerente –, está aí um sucesso quase certo na mídia.

O assessor é capaz de enxergar notícias até nas horas de lazer dos clientes. Isso mesmo: falar de conciliação entre vida pessoal e profissional virou prato cheio para as redações.

Há alguns anos presenciamos um CASO EMBLE-

MÁTICO. Uma consultoria foi procurada por uma destacada revista de negócios para uma matéria sobre o panorama do setor alimentício, diante de novas realidades como as gorduras *trans*. Sem nenhuma experiência ou cliente nessa área, a possibilidade de refutar o pedido seria grande.

    Mas não. O porta-voz foi à CAÇA DE INFORMAÇÕES, PESQUISOU na internet e entendeu que a revista precisava de alguém especializado em gestão, não em alimentos. Intermediamos a entrevista, e a reportagem foi elogiada. Dias depois, uma grande indústria do segmento procurou a consultoria para marcar uma reunião. O contrato não foi fechado, mas se construiu um BELO *NETWORK*.

    Está vendo como NOTÍCIAS PIPOCAM de onde menos se espera e sempre encontram seu nicho? Com publicações especializadas nos mais variados setores, uma mudança estrutural da empresa pode não interessar à *Folha de S.Paulo*, mas cai perfeitamente no colo de uma revista de administração ou recursos humanos.

EXPECTATIVAS DAS PME QUANTO À MÍDIA

    Se eu TIVESSE DE ESCOLHER entre atuar na comunicação institucional de uma grande companhia e trabalhar na construção de imagem de uma pequena ou média empresa, não teria dúvidas. Elegeria a primeira.

Como? Isso não é contraditório para quem sempre priorizou ser assessor de PMEs? Sim, e muito. Qual é o motivo então? Não ser apenas uma FONTE DE ECONOMIA diante dos gastos de publicidade ou um meio fácil de maquiar informação para ser notícia. A maioria dos gerentes de marketing ou diretores de vendas de pequenas e médias empresas, com honrosas exceções, pensa no curto prazo. Tem HORIZONTES CURTOS.

Já a comunicação corporativa nas grandes empresas – que pensam e agem como tal – é sempre VALORIZADA. O assessor de imprensa não corre o risco de ser UM MERO APÊNDICE do departamento de marketing.

Terceirizados ou não, os profissionais de comunicação estão ligados diretamente à PRESIDÊNCIA e sempre há um departamento específico, conduzido por um gerente, diretor ou até mesmo vice-presidente sênior.

A rotina de trabalho gira em torno de uma IDENTIDADE A PRESERVAR – grandes companhias operam em ambientes altamente competitivos e são muito sensíveis às políticas públicas. Em contrapartida, o assessor de imprensa de muitas PMEs é avaliado como um TERMÔMETRO. Se a consultoria é boa, o telefone toca.

Nessas empresas, o profissional da área raramente vai enfrentar o fogo cruzado da opinião pública, nem sequer vai se preocupar com o mando regulatório governamental. Em compensação, ouvirá – semana sim, semana não – o eterno mantra do pessoal de marketing. Qual é ele?

Muitas vezes, APENAS VENDAS, muitas vendas.

ESTOU SENDO INJUSTO? A situação é muito real e não é nada fácil para um profissional formado ver o mundo de modo muito mais abrangente. A construção da imagem de qualquer instituição, marca, produto ou serviço não pode ser FRUTO DO IMEDIATISMO da área de vendas nem de relações baseadas em vínculos estritamente comerciais.

Caros homens de vendas, gerentes de marketing ou diretores comerciais, permitam-me um conselho: JORNALISTAS SABEM muito bem distinguir, assim como os bons consultores de imprensa, o que é ou não notícia, quando os contatos são procedentes e quem é pertinente ou não.

Portanto, forçar a barra não combina com bons resultados!

UM PÁSSARO NA MÃO OU DOIS VOANDO? POR QUE NÃO OS TRÊS?

No dicionário da comunicação empresarial, a PERFEIÇÃO também vem ANTES DA PRESSA. Ao ter na manga o lançamento de um produto inovador, uma nova tecnologia ou um ousado investimento fabril, faça a seguinte pergunta: "Mais vale articular a divulgação em um espaço nobre ou disparar a informação logo de cara?".

As duas práticas são aceitáveis. Mas, para começo de conversa, pense no grau de REPERCUSSÃO que a notícia pode provocar e na RELEVÂNCIA pública do assunto. Vamos aos casos práticos. Certa vez, uma entidade obteve na Justiça a suspensão de uma liminar que proibia a venda de não medicamentos nas farmácias e drogarias. A decisão impactaria diretamente milhões de consumidores Brasil afora. O caminho seria espalhar a novidade o quanto antes, valendo-se do trabalho de DIFUSÃO das agências de notícias, dos grandes jornais diários e de rádios e TVs.

A informação, obviamente, disseminou-se em minutos. Assim seria se estivéssemos diante de grandes novidades de empresas como Votorantim, Vale, CSN, Ambev, Petrobras, General Motors, Rhodia, Casas Bahia... Mas, se você não é um grande executivo de multinacional e se seu novo investimento não será fundamental para a macroeconomia brasileira, prepare-se para a EXCLUSIVIDADE.

Qual será minha mídia-alvo? Revistas semanais como *Veja*, *Época* e *IstoÉ*? Ou diários como *Folha*, *O Globo* e *Valor Econômico*? As possibilidades estão à mesa. Em comum, essas publicações raramente figuram em entrevistas coletivas (salvo grandes acidentes ou anúncios governamentais) e lutam diariamente para ser os primeiros a dar INFORMAÇÃO. Um bom "XAVECO", dados financeiros consistentes, inovação, geração de empregos e um executivo disposto a falar garantem uma estratégia eficaz.

A partir desse resultado pontual, o Brasil inteiro pode saber de sua existência em uma só tacada. Depois, a assessoria de imprensa pode soltar para todo o mundo. A notícia estará VALORIZADA, bem como a aproximação com o veículo. A regra se estende a um artigo assinado por um consultor de mercado.

IMPORTÂNCIA, URGÊNCIA e NECESSIDADE. Se há tempo para esperar uma matéria e um alcance significativos, para que sair correndo? Se o tempo urge, para que esperar? A linha entre a oportunidade e o desperdício é tênue. Converse com suas bases, chame sua assessoria. Está na hora de usar a ESTRATÉGIA e o PENSAMENTO.

DE CARONA NA NOTÍCIA

As assessorias de imprensa são responsáveis por grande parte das matérias divulgadas na mídia. No entanto, as redações e produções fazem também as suas REUNIÕES DE PAUTA e definem quais os temas que serão enfocados. Nesse caso, como conquistar esses espaços editoriais? Estando sempre em contato com os pauteiros.

Quando sai das reuniões internas com um tema definido, o jornalista já começa a pensar nos personagens e nas fontes para produzir a matéria. A primeira coisa que faz é recorrer à sua preciosa AGENDA DE CONTATOS de executivos, assessores de imprensa, outros repórteres e amigos.

O assessor de imprensa DEVE TRABALHAR constantemente a imagem do cliente para que ele seja sempre lembrado e esteja presente frequentemente nos meios de comunicação. É um trabalho de LONGO PRAZO. Tenha bom relacionamento com os jornalistas, passe pautas interessantes, informe novidades em primeira mão e ajude nos momentos em que a mídia tem urgência – sugerindo personagens com *deadline* apertado. Isso tudo fortalece o relacionamento.

Ao sugerir uma informação para determinado veículo, muitas vezes o tema pode não ser tão relevante para a publicação, mas o executivo e sua empresa podem ser LEMBRADOS em outras pautas. Outra boa prática é ligar periodicamente para a lista de contatos nas redações para "saber o que estão fazendo". Dessa forma, pode-se indicar clientes, quando eles SE ENCAIXAREM nas matérias que estão sendo produzidas.

O executivo também pode COLABORAR sendo atencioso durante o contato com o jornalista, compreendendo possíveis atrasos e cancelamentos de entrevistas e, principalmente, nunca pedindo para ler o texto antes da publicação. Seguindo essas DICAS, fica mais fácil marcar presença na mídia, não só em pautas específicas, mas também em outras sobre temas variados. A aparição em uma multiplicidade de veículos dá um *plus* a qualquer trabalho de construção de imagem.

NOTÍCIA BOA TEM QUE ESPALHAR

Ao abrir o jornal, você depara com uma MATÉRIA POSITIVA sobre sua empresa. A repercussão é quase imediata. Parceiros, clientes e pessoas próximas telefonam e elogiam a reportagem. Esse é apenas um dos BONS FRUTOS que podem ser gerados com uma exposição na mídia.

Mas você já parou para pensar que, no dia seguinte, esse jornal já está velho e a reportagem pode CAIR NO ESQUECIMENTO? O que fazer então para que isso não ocorra? Como aproveitar esse resultado e MULTIPLICÁ-LO ENTRE COLABORADORES, PARCEIROS, CLIENTES E *PROSPECTS* enquanto o próximo não chega?

Não, você não terá outra matéria na edição seguinte. Esqueça, pois só conquistará esse espaço novamente após um tempo. É aí que você pode EXERCITAR A CRIATIVIDADE e fazer com que essa notícia atinja quem realmente lhe interessa.

Não faltam bons exemplos. Pode-se emoldurar a página e colocá-la em seu escritório, salas de reunião ou de espera. Ou então incluir o conteúdo ou *link* na *newsletter* e *site* da companhia – aliás, há empresas que têm até o concorrente em seu *mailing list*.

A companhia tem INTRANET? Insira a notícia lá e COM DESTAQUE, de forma que todos os colaboradores vejam. Por último, incorpore esse jornal ao seu portfólio.

Ao fazer a matéria chegar aos seus *stakeholders*, certamente você conseguirá tirar o MÁXIMO PROVEITO POSSÍVEL dela. Portanto, quando sua assessoria de imprensa gerar ótimos resultados, depois de comemorar NÃO DURMA NO PONTO. Dissemine-os!

ROTINA SEM ROTINA

São 9 horas da manhã e nosso colega do atendimento de uma assessoria de imprensa em São Paulo já está em seu computador fechando um COMUNICADO DE IMPRENSA para uma empresa da área de TI. Terminada a tarefa, ele passa o texto para a revisão e, em seguida, o envia para APROVAÇÃO por e-mail, que segue com um *clipping* de uma notícia anexa recém-recebida, veiculada por uma importante publicação de circulação nacional. O cliente precisa ter conhecimento antes das 10 horas.

Sua próxima atividade é crucial. Precisa questionar e obter com outros membros da agência IDEIAS CRIATIVAS sobre um lançamento de um produto inédito – que será o maior do Brasil – para apresentação e avaliação do cliente. Antes disso, o TELEFONE TOCA. É uma repórter checando informações recebidas sobre um parecer jurídico de um escritório de advocacia para fechar a sua reportagem.

Antes das 12 horas, o consultor em comunicação

precisa cobrar, ainda, o NOVO *LAYOUT* de um boletim impresso de outro cliente. A diagramação recebida na tarde de ontem continua muito primária e o *deadline*, no limite. A hora do almoço se aproxima e o assessor tem de partir para uma REUNIÃO-ALMOÇO.

A pauta? Um assunto delicado: decidir com o presidente de uma indústria, cliente da agência, sobre o anúncio do fechamento de uma planta em outro estado, previsto para o próximo mês.

De volta ao escritório, o consultor checa com seu assistente as confirmações da COLETIVA DE IMPRENSA agendada para dali a dois dias em Porto Alegre, onde estará também presente. Para reforçar a ação, liga para o editor do melhor telejornal local, que ainda não confirmou interesse de cobertura, apesar de o evento contar com a presença do governador daquele estado.

Às 16 horas, ele checa novamente seus e-mails e PESQUISA NA INTERNET as atividades industriais do setor de um novo cliente. Às 17 horas, para e analisa os resultados de *CLIPPING* dos clientes de sua carteira e não fica satisfeito. Terá de refazer contatos para alcançar os objetivos traçados. Repara, então, que as fotos que comporão o *PRESS KIT* da coletiva não foram entregues pelo fotógrafo contratado. Os prazos agora são exíguos. E se não ficarem boas?

Como o cenário ilustra, as atividades de um assessor de imprensa são múltiplas e de ALTA PERFORMANCE.

Como profissional, ele tem de dominar a escrita, exibir um ótimo relacionamento interpessoal, saber negociar a todo momento, ser criativo e um facilitador, pensar em toda a logística de um evento/divulgação e RESOLVER PROBLEMAS atrás de problemas.

Enfim, as rotinas de um assessor de imprensa são um processo que envolve um CICLO QUASE SEM-FIM. Exigem um tremendo esforço para estabelecer e manter um bom entendimento entre uma organização e os vários públicos envolvidos.

Agora você compreende por que esse profissional precisa ser valorizado?

O VELHO, BOM E SEMPRE ÚTIL FEEDBACK

Quando um jornalista liga solicitando uma entrevista, é aquela CORRERIA para contatar via e-mail ou telefone o cliente e conseguir agendar um horário que seja adequado para ambas as partes.

Ufa! DEU CERTO. Será que deu mesmo? Como foi a conversa entre eles? O resultado final será bom?

Um jornalista despreparado, uma pergunta capciosa ou temas que não foram combinados. Muitas são as situações que podem submeter o cliente a uma "SAIA-JUSTA".

Por isso, o executivo deve exigir de seus assessores e gestores de comunicação o famoso *FEEDBACK*. Um simples telefonema com orientações pode ser essencial para aprimorar suas habilidades perante a mídia.

Além de tomar conhecimento de eventuais situações desagradáveis e ter a possibilidade de contorná-las, você CORRIGE DEFICIÊNCIAS que possam ser deflagradas durante a entrevista. CUIDADO e ATENÇÃO nunca são excessivos. É também uma maneira de saber mais sobre a abordagem daquele veículo ou jornalista.

Nunca é demais lembrar que o *feedback*, depois que a matéria é publicada ou vai ao ar, também é muito bem-vindo. Saber se saiu tudo de acordo com o que ele disse e o que ele achou do resultado final também faz parte do PROTOCOLO diário do consultor de comunicação.

Uma dica: PONHA NO PAPEL todas as dicas e toques que receber do consultor de comunicação. Sua postura, frases mal formuladas e boas informações pouco ou mal exploradas, tudo pode ser anotado. É um TREINAMENTO CONSTANTE.

Com essas lições de casa, você estará cada vez mais à vontade na hora de encarar a mídia, com MAIOR ASSERTIVIDADE.

CRIATIVIDADE X INVESTIMENTO

Há IDEIAS QUE CUSTAM QUASE NADA, mas que ajudam muito a divulgar o seu negócio ou as atividades de uma empresa na mídia. Listei algumas a seguir:

- Sempre LEVE INFORMAÇÕES sobre a sua empresa em encontros eventuais com a mídia. Algumas fotos e poucos parágrafos são tudo o que os meios de comunicação precisam. As publicações especializadas e regionais regularmente utilizam de material coletado nesses encontros, para dar notas ou abrir espaço para empresas.

- Disponibilize sua EXPERIÊNCIA EMPRESARIAL E PROFISSIONAL a estudantes que estão se formando em escolas técnicas e universidades. Quase sempre há cobertura desse tipo de evento por parte de jornais de bairro e também da imprensa regional.

- Ofereça para a mídia segmentada TREINAMENTOS em sua especialidade. A visibilidade da sua empresa como fonte setorial crescerá surpreendentemente.

- Participe de eventos que envolvam a imprensa de sua área de atuação. A MÍDIA ESPECIALIZADA cobre tudo – de palestras a ações de vendas, de novas contratações a parcerias firmadas.

- PRODUZA CAMISETAS com o nome e logo de sua empresa para que seu *staff* participe de eventos – especialmente esportivos – que atraem a cobertura da mídia.

- Empresas envolvidas em ATIVIDADES FILANTRÓPICAS sempre colhem dividendos na cobertura da mídia, inclusive com direito a fotografias.

- Por que não CRIAR UM PRÊMIO para o setor, para um profissional ou até mesmo para a comunidade na qual sua empresa atua? Tente ainda atrair um meio de comunicação como um copatrocinador. Boa exposição garantida.

- Se possível, abra a sua empresa um dia por ano para a COMUNIDADE LOCAL e convide a imprensa. Com certeza, será notícia.

- Se você comanda um negócio com muitos anos de atividade, faça uma BROCHURA interessante sobre a evolução histórica da empresa ou crie uma seção específica no *site*. Isso ajudará não só a área de recrutamento, como também despertará a atenção eventual de jornalistas.

- CONQUISTAS EMPRESARIAIS, como recorde de vendas, 20 anos de existência, lançamentos ou expansão dos negócios, têm, em geral, ampla cobertura da mídia. Basta noticiar.

- Se receber VISITANTES DE OUTROS CONTINENTES, convide a imprensa para acompanhar ou entrevistar os estrangeiros. Para a mídia é particularmente interessante o fato de eles virem de um país distante e se têm interesse em investir ou fazer uma parceria.

- Igualmente, se você realizou uma VIAGEM DE NEGÓ-

CIOS a um país que está nas manchetes dos jornais, é provável que a mídia queira ouvi-lo.

- Pare e pense: sua empresa tem FUNCIONÁRIOS OU COLABORADORES QUE PODEM SER ENTREVISTADOS ocasionalmente?

COMO ESCOLHER E UTILIZAR BEM UMA ASSESSORIA DE IMPRENSA

COMO CONTRATAR UMA ASSESSORIA?

Estar na mídia é o maior desafio que grande parte das empresas encontra. Para VALORIZAR as opiniões e desejos de seu público consumidor, as companhias investem continuamente em estratégias capazes de deixá-las em destaque, transmitindo uma imagem positiva ao mercado. O caminho natural passa pela contratação de uma assessoria de imprensa. Mas, ao fechar o contrato, o que realmente exigir dela?

Como primeira providência, a assessoria deve expor ao cliente os SERVIÇOS E PRODUTOS de comunicação que possam contribuir para a marca e os resultados da empresa. Além disso, é preciso orientar sobre o melhor caminho, o melhor lugar e a melhor hora de "estar na mídia", agindo de maneira proativa, sugerindo ações e pautas pertinentes ao cliente e de interesse do leitor do veículo.

Para transformar o cliente em FONTE confiável e, dessa forma, veicular a maior quantidade possível de notícias positivas, é necessário às vezes dizer não.

Uma assessoria diferenciada sabe FALAR NÃO ao cliente quando aquela ideia de pauta do empresário não é viável. E ainda possui a capacidade de negar ao jornalista uma entrevista que, em sua visão, pode ser comprometedora para o cliente.

Saber conciliar os interesses da fonte com os da imprensa e preservar o canal de relacionamento é primordial. Dar um retorno rápido e ser transparente para explicar a não participação em uma matéria é FATOR-CHAVE.

Enfim, é importante ensinar o cliente a se comunicar com OBJETIVIDADE, CLAREZA e SÍNTESE. *Briefings* detalhados sobre o conteúdo da matéria que está sendo produzida, as expectativas do repórter em relação à fonte e o perfil do próprio jornalista compõem o manual da assessoria de imprensa.

Vale a dica: o bom profissional atua como consultor. Ele NÃO VIVE DE FAZER ELOGIOS E NUNCA PROMETE O QUE NÃO PODE CUMPRIR. É sempre prudente desconfiar de garantias de capas de revistas ou manchetes nas primeiras páginas de jornais.

CINCO QUALIDADES

Não faltam no mundo profissionais com formação insuficiente batendo na porta de muitas empresas de pequeno e médio porte, oferecendo serviços de consultoria de comunicação. Muitos nem CNPJ constituído têm. Uns oferecem serviços na INFORMALIDADE, outros dividem o tempo da prestação de serviço com empregos públicos ou em veículos de comunicação.

Avalie bem as agências e os profissionais de comunicação empresarial antes de os contratar. Por onde começar? Analise sempre CINCO PONTOS ESSENCIAIS no desempenho da atividade. Se o assessor atender a todos, você e sua empresa estarão em boas mãos.

BOM REDATOR: A capacidade de pôr informação e ideias no papel é um dom valioso. Essencial também é dominar a norma culta da língua portuguesa. Um sujeito que cria textos com frases longas e períodos mal estruturados não merece o posto de consultor de imprensa.

PESQUISADOR NATO: Não basta ter um bom texto. Ele precisa estar bem fundamentado. Valorize a habilidade e persistência de quem luta para coletar informação de várias fontes. Atente para a percepção (ou faro) do assessor. Fuja de profissionais que não questionam, escrevem consultando o Google e daqueles que fazem "entrevistas" por e-mail.

PLANEJAMENTO 10: As atividades de comunicação precisam ser diariamente replanejadas e coordenadas. O gestor precisa ter pleno domínio de que o evento vai acontecer sem sobressaltos, com o material distribuído no momento certo e sem que o orçamento exceda o que foi previsto. Enfim, se o profissional não for altamente organizado, detalhista e capaz de ver oportunidades antecipadamente, não deve fazer parte de sua equipe.

SOLUCIONADOR DE PROBLEMAS: Quem não procura um sujeito desses? Ideias inovadoras e rapidez nos contatos são imprescindíveis para resolver problemas complexos ou fazer de um relacionamento com a mídia um programa único e memorável.

COMPETÊNCIA EM NEGÓCIOS: Um assessor de imprensa precisa entender e viver a alma do seu negócio, sem a postura de um publicitário. Precisa ter uma formação em práticas de marketing, gestão empresarial e negócios. Isto sempre será um extra no currículo e no dia a dia.

Obviamente, nem todos os profissionais da área reúnem essas cinco qualidades com a mesma intensidade, como também muitas vagas no mercado de trabalho NÃO EXIGEM tais habilidades em igual proporção.

O EXEMPLO DE MICHELANGELO

Você imagina como Michelangelo criou e pintou o teto da Capela Sistina, em Roma? Acredita que o trabalho foi feito por inspiração própria? Será que foi o ESTAGIÁRIO DE PLANTÃO do Vaticano na época que *brifou* o gênio da pintura para ali criar cenas do livro do Gênesis? Ou teria sido um *trainee* recém-contratado pelo papa que pautou o surgimento de um dos maiores tesouros artísticos da humanidade?

Sem dúvida que não. BONS *BRIEFINGS* produzem grandes resultados quando são passados por pessoas experientes e maduras. Geram vendas e exposição superiores e a um custo infinitamente menor que o de um projeto mal elaborado. Reflita: quantos não foram os encontros, discussões e brigas entre o cardeal Alidosi – contratante da obra – e Michelangelo para chegarem ao magnífico resultado final?

AGORA PERGUNTO: Quem dá o tom em sua empresa nas ações de comunicação corporativa? Um membro júnior de sua equipe ou um executivo com anos de janela?

Nem precisa responder. A maioria dos *briefings* é fornecida por jovens profissionais que ingressam na área de marketing. Eles vêm POBRES E TORTOS. Muitas vezes de modo informal e de um achismo tão doloroso quanto inconveniente. As consequências são óbvias: perde-se tempo e dinheiro diante de resultados fracos, inócuos.

Os *briefings* precisam ter foco e são vitais para a saúde de qualquer projeto e organização. O ideal seria recebê-los em reunião, por escrito e com o aval de EXECUTIVOS TARIMBADOS. Estes não podem se eximir de contribuir com *insights* importantes, que enriquecem qualquer reunião, pauta e ações, além de dar uma direção criativa a esse tipo de atividade.

Lembre-se do EXEMPLO DE MICHELANGELO. Como especialista em pintura, ele soube transmitir ao projeto contratado pelo cardeal Alidosi muito mais do que foi inicialmente concebido. Ao mesmo tempo, a empresa contratante recebeu uma esplêndida e inesperada obra-prima.

O RESULTADO PODE SER IGUAL com a assessoria de imprensa ou a agência de publicidade. É necessário saber onde sua empresa está agora e aonde ela quer chegar. A capacidade, o conhecimento e a especialização de seus consultores só podem melhorar o que foi idealizado e trazer novas propostas, muito mais amplas do que as previstas em um primeiro momento. Mas mantenha os *trainees* onde eles têm de ficar: no *follow-up* das ações.

PRINCIPAIS TAREFAS DE UMA AGÊNCIA

Vocês imaginam quais são as PRINCIPAIS ATRIBUIÇÕES de uma assessoria de imprensa? Uma pesquisa patrocinada pela *PRWeek* – revista norte-americana na área de comunicação corporativa – identificou as atividades e funções mais comuns em uma consultoria do segmento. Na essência, elas NÃO DIFEREM das praticadas no dia a dia no Brasil.

De longe, a tarefa primordial está centrada na construção do relacionamento com a IMPRENSA. Depois, de acordo com a especialização de cada agência, aparecem atividades ligadas a relações com a comunidade, com governo, análise de relatórios, comunicação interna ou mesmo a produção de eventos.

Vale ressaltar que o GERENCIAMENTO DE CRISE e o GERENCIAMENTO DE IMAGEM – este mais ligado à prevenção e administração de incidentes do que à crise propriamente dita – têm uma importância grande, mas não predominante, no cotidiano das agências.

VEJA OS RESULTADOS:

Relações com a mídia	96%
Gerenciamento de crises	75%
Produção de eventos	68%
Gerenciamento de imagem	65%
Comunicação interna	64%
Comunicação de marca/produto	63%

Relações com a comunidade	60%
Relatórios trimestrais /anual	37%
Análise de resultados	29%
Relações com governo	28%

FALTAS DOS ASSESSORES

Qual é a sua reação quando seu assessor de imprensa manda um texto MAL APURADO para aprovação? A minha e a de muitos empresários é de inconformismo. A pergunta que vem à mente é mais ou menos esta: "Será que eu não soube me explicar?"

Teoricamente, todo profissional que milita na área de comunicação sabe quando uma informação está BEM PROCESSADA e contextualizada. Sempre que possível, deve responder às perguntas clássicas do jornalismo – o que, quem, quando, onde, como, quanto, qual e por quê?

Por insegurança, comodismo, falta de SENSO CRÍTICO, de questionamento e atenção aos princípios da profissão, muitos assessores tentam produzir *releases* com breves *briefings* recebidos por e-mail ou REQUENTAM um comunicado de imprensa antigo. Outros optam por escrever como se fossem colunistas sociais de cidades interioranas.

CONCLUSÃO: passam para a frente um texto fraco

e com pouco apelo informativo. Não há questionamentos, entrevistas nem consultas com suas fontes internas. A APURAÇÃO É ZERO! A falta de interação de muitos consultores de comunicação – a maioria júnior – com o próprio cliente cria comunicados de imprensa vazios.

SEM INFORMAÇÃO não existe texto jornalístico, não há pauta que se sustente nem profissional que perdure. Não estou aqui falando de comunicados de imprensa construídos com um texto primoroso. Falo de CONTEÚDO. Com ele, qualquer bom redator consegue fazer do limão uma boa limonada e reescrever comunicados de imprensa, artigos, notas e sugestões de pauta.

MENSURAÇÃO DE RESULTADOS: TERMÔMETRO DA ASSESSORIA DE IMPRENSA

É lugar-comum dizer que os LUCROS E RESULTADOS norteiam os passos de qualquer empresa. O mesmo ocorre na área de comunicação: mas como mensurar resultados de algo noticiado? Qual o VALOR de uma matéria? Não existe preço estipulado, até porque normalmente não se paga para aparecer em uma reportagem.

As assessorias de imprensa e grandes corporações têm os próprios métodos de MENSURAÇÃO para avaliar os resultados obtidos. A maneira mais comum e antiga é a velha e boa CENTIMETRAGEM. No entanto, não é heresia dizer que ela é, no mínimo, IRREAL. Nela, usa-se o preço publicitário das páginas dos veículos e calcula-se quanto valeria a matéria se ela ocupasse o espaço de um anúncio.

Usualmente, essa conta resulta em valores exorbitantes. É óbvio que o real valor de uma notícia não é igual ao de um anúncio. A credibilidade obtida com um espaço editorial é muito maior. Então, uma matéria vale mais do que publicidade? A resposta a essa pergunta é a chave do assunto: depende. A matéria foi POSITIVA, NEUTRA OU NEGATIVA? Em que página estava? Seus concorrentes também foram citados? Quem foi a fonte principal?

Todos esses aspectos devem ser levados em consideração. Hoje já existem diversas formas de diagnosticar quanto vale a presença na mídia. Com base no valor PUBLICITÁRIO do espaço, página, colocação e teor da reportagem, consegue-se chegar ao valor EDITORIAL. Aliás, já existem até estudos de institutos norte-americanos que apontam o espaço jornalístico com valor três vezes superior ao de um anúncio.

As formas de efetuar esse cálculo ainda variam muito. Cada assessoria possui os seus próprios métodos. Mas é consenso que a avaliação, embora trabalhosa e por vezes onerosa, é necessária.

CLIPPING: APAREÇA E SAIBA QUE APARECEU

Como em todas as áreas, a de comunicação também merece um balanço. Que MÉTRICAS a empresa possui para aferir a exposição na mídia? Quais departamentos conquistaram mais espaço na imprensa, ou, melhor ainda, que imagem chegou aos formadores de opinião?

As respostas passam pelos RECORTES DA IMPRENSA, vídeos e áudios de programas de televisão, rádios e internet, acumulados no decorrer do ano. Um serviço regular de *clipping* faz a diferença, mas a coleta sistemática de tudo o que é publicado sobre a companhia na mídia não é uma PRÁTICA REGULAR nas médias empresas brasileiras.

Ainda ouvimos clientes que solicitam a CAMARADAGEM da reportagem para que envie o material publicado no Amazonas ou em Porto Alegre.

O serviço de clipagem NÃO CUSTA CARO. Os preços sobem à medida da exigência da cobertura de coleta. Pode-se até MONITORAR os passos da concorrência. Já a ANÁLISE das notícias reúne indicadores como os valores de centimetragem, minutagem, planilhas e gráficos. Obviamente, tudo tem um custo.

Vale salientar que a compilação das inserções na mídia é a melhor ferramenta para saber como anda a IMAGEM da empresa com as ações regulares de relações públicas. Além disso, o resultado mostra a história viva da companhia, que no futuro terá registro.

As notícias positivas também reforçam NEGOCIAÇÕES E RELACIONAMENTOS. Quem já não deparou com o gerente de banco ou consultores e fornecedores de peso comentando as reportagens sobre o seu negócio ou desempenho do seu setor de atuação? Se eles têm acesso a esse tipo de informação, por que a direção de sua empresa deixaria de tê-lo? Na Petrobras, o *clipping* é disponibilizado em quatro edições diárias a FUNCIONÁRIOS e até PRESTADORES DE SERVIÇOS, via internet e mediante uma senha.

Contrate um serviço de *clipping*. Ele é o espelho da sua imagem corporativa.

MUITO MAIS DO QUE *PRESS RELEASES*

Se você acha que uma agência de assessoria de imprensa só se preocupa em fazer seu cliente aparecer na mídia, engana-se. É claro que a principal atividade é realmente a inserção dos clientes nos diversos veículos, divulgando as novidades da empresa. Mas hoje a maioria das assessorias tem uma lista de VÁRIOS SERVIÇOS, complementares e essenciais para uma estratégia de comunicação eficiente.

Os EVENTOS – congressos, seminários, comemorações e reuniões de grande porte – também demandam atenção. O assessor atua não só na divulgação, como também na organização, cobertura e, em alguns casos, no pós-evento. Outro aspecto importante é o trabalho com os principais porta-vozes, com o objetivo de ACONSELHÁ-LOS sobre sua postura em uma entrevista, declaração ou outro compromisso público. Em situações de crise, o profissional de comunicação atua como consultor e oferece todo o SUPORTE para que o problema seja resolvido e esclarecido sem grandes danos.

A valorização da IMAGEM de seus clientes é um dos grandes objetivos de qualquer agência. Ela abre um leque de possibilidades para o que pode ser feito: descobrir espaços interessantes e de grande visibilidade, traçar ESTRATÉGIAS de divulgação para um público-chave, elaborar pesquisas sobre o impacto de determinadas ações da empresa. Até no contato com acionistas, investidores e órgãos governamentais você pode contar com material e sugestões de sua assessoria.

As assessorias de imprensa buscam a excelência por meio de SOLUÇÕES CRIATIVAS, prestando atenção nas tendências do mercado e nas necessidades de seus clientes. Já pensou, por exemplo, em criar um boletim institucional? Participe das atividades de sua assessoria, APROVEITE todas as ferramentas que ela tem a oferecer. Você e sua empresa só têm a GANHAR.

INTERAÇÃO COM ASSESSORES

Não foram poucas as ocasiões em que falamos do papel do assessor de imprensa como CONSULTOR. Muitos empresários, porém, ainda menosprezam essa realidade. Por que não oferecer ao assessor o tratamento de um PROFISSIONAL DE CONFIANÇA, assim como seu advogado, por exemplo?

Lembramos quão essencial pode ser a REPUTAÇÃO como ativo de uma empresa ou entidade. Mas são frequentes os relatos de DISTANCIAMENTO entre o empresário e aquele que contribui para preservar essa imagem de credibilidade. É como se a comunicação representasse um trabalho periférico, que se torna útil apenas nos casos de emergência ou de crise institucional.

Por isso, é necessário conjugar o verbo INTERAGIR com seu consultor. Procure encontrar brechas na sua agenda para um bate-papo ou uma rápida reunião com sua assessoria.

Em vez de impor regras que centralizem o atendimento à agência de comunicação, ABRA AS PORTAS da sua companhia para incentivar seu "consultor" a conhecer melhor a equipe. Isso permitirá descobrir novos atributos e oportunidades de divulgação.

Se você considera sua assessoria fria e distante, faça esse exercício. Como porta-voz, é sua atribuição ACOMPA-

NHAR, definindo diretrizes, corrigindo rumos e não sonegando informações. Aliás, esta última situação é uma das mais recorrentes, sob a alegação de que a assessoria pode deixar o segredo escapar. Se mesmo assim achá-la muito distante, é hora de pensar em trocas.

DELEGAR SEM ABANDONAR. Uma regra simples que pode mudar sua imagem na mídia, para melhor.

SAÍ NA *CARAS*, E AGORA?

Estar presente em coquetéis de inauguração, posses, aniversários e outras comemorações pode ser uma tarefa cansativa, mas também é uma ótima oportunidade para SER VISTO. O que é mais um compromisso social chato para alguns empresários pode representar um grande INSTRUMENTO DE EXPOSIÇÃO para outros.

Estamos nos referindo a publicações como *Caras*, *Quem*, *Contigo* e *IstoÉ Gente*, que dão espaço inclusive a executivos em feiras e seminários específicos de seu setor. Essas páginas são harmoniosamente divididas com CELEBRIDADES.

Mas qual é a vantagem de aparecer em COLUNAS SOCIAIS? Muitas pessoas folheiam esse tipo de publicação – entre elas, com certeza, estão clientes e potenciais clientes. Ter uma foto publicada nesses espaços, com seu nome e cargo na legenda, não significa que você é uma celebridade, mas pode ter uma REPERCUSSÃO positiva.

É também uma forma de elevar a IMAGEM INSTITUCIONAL de sua empresa, mas de forma personificada. Certamente, após ver uma foto sua em publicação do gênero, por exemplo, as pessoas olharão de maneira diferente para você. Portanto, ao frequentar eventos, DEIXE-SE FOTOGRAFAR, principalmente se estiver ao lado de "colunáveis".

Se o evento for organizado pela sua empresa, CONTRATE UM FOTÓGRAFO. Oriente-o a capturar imagens suas e as de seus diretores com outras pessoas importantes. Depois, encarregue seu consultor de comunicação de enviá-las para essas editorias.

Assim, siga a regra de chegar, sorrir, saudar e sair, mas não sem antes POSAR PARA OS *FLASHES*. Cada clique pode representar bons negócios.

COLETIVA SEM RODEIOS

Você continua insistindo em fazer coletivas de imprensa para divulgar um fato de relevância média? A EXPECTATIVA exagerada acaba sempre em frustração. O recado continua claro. Coletiva é um mecanismo utilizado pelas empresas e assessorias de imprensa para divulgar um GRANDE ACONTECIMENTO.

Mas o que faria com que jornalistas de peso saíssem das redações enxutas em que trabalham, com outras duas reportagens a entregar no mesmo dia? Fatos de interesse público ou que tenham grande repercussão. FUSÕES de companhias expressivas, lançamento de PRODUTOS EXCLUSIVOS, contratação de altos executivos, abertura de unidades no EXTERIOR, divulgação de balanço financeiro recorde.

Quer dizer então que, como PEQUENO OU MÉDIO EMPRESÁRIO de um setor não tão estratégico para a economia, posso esquecer a hipótese de uma coletiva? Não dissemos isso. Mas não fique à espera de revistas semanais, da Rede Globo e de jornais como *Valor Econômico*, cuja política é não comparecer a coletivas, salvo nos casos citados acima, envolvendo corporações com capital na bolsa de valores.

Já que se trata de uma informação expressiva para seu setor, chame as MÍDIAS ESPECIALIZADAS e reúna um farto material com o apoio de sua assessoria de imprensa. São só cinco publicações? Marque então um almoço, uma forma de pulverizar a novidade sem comprometer o horário dos porta-vozes com diversas entrevistas.

Na grande mídia, o jeito é TRABALHAR POR ESCALA, buscando matérias exclusivas – a começar pelas revistas, partindo-se para jornais, de acordo com seu interesse e *timing*. Melhor um tiro certeiro do que metralhar para todos os lados.

PEQUENOS GIGANTES

Quando o assunto é promover seus produtos e serviços à imprensa, nada mais natural do que DISPARAR TODA A MUNIÇÃO na grande mídia. São veículos tradicionais, renomados, prestigiados, capazes de agregar valor a qualquer empresa. Mas quem mirou também sua atenção nas publicações "pequenas" garante não ter se arrependido.

"Pequenas" só na fama. Os jornais considerados de menor porte ocupam cada vez mais as bancas brasileiras. Um relatório do Instituto Verificador de Circulação (IVC) confirmou que a PUBLICAÇÃO MAIS VENDIDA NO BRASIL É POPULAR, com tiragem média de 315.157 exemplares diários. Distribuído gratuitamente nas ruas de Belo Horizonte, o *Supernotícia* desbancou a *Folha de S.Paulo* na liderança do *ranking*. O carioca *Extra*, terceiro colocado, é também popular.

A circulação dos dez jornais diários mais vendidos do país chegou a 2.268.785 EXEMPLARES. E um dado curioso: somadas as tiragens de *O Estado de S. Paulo*, *Folha de S.Paulo*, *O Globo*, *Zero Hora* e *O Dia*, chega-se ao resultado de 1,11 milhão por dia, número inferior ao 1,15 milhão do *Supernotícia*, *Extra*, *Meia Hora*, *Diário Gaúcho* e *Correio do Povo*.

Está claro que você quer projetar sua imagem, entrar em veículos bem qualificados. No entanto, se a meta é captar clientes, uma matéria em um dos cinco pequenos pode atingir um PÚBLICO MAIOR e, consequentemente, gerar RESULTADOS EM CURTO PRAZO. Numa época em que predomina a CONCORRÊNCIA FEROZ, isso pode fazer a diferença.

Mesmo que tal exposição não represente vendas ou novos clientes logo de cara, certamente vai reforçar a marca. E muitas publicações menores funcionam como fontes de informação para os gigantes da imprensa.

Ao contrário, privilegiar somente os grandes tem suas vantagens, mas talvez proporcione *STATUS* SEM RETORNO PRÁTICO. Como no mundo dos negócios ninguém vive de títulos, não adianta olhar torto para os pequenos. Enquanto solidifica seu nome lá, conquista leitores aqui.

GERENCIAMENTO DE CRISES

JÁ PENSOU EM UM PLANO QUANDO A CRISE CHEGAR?

Se a resposta é não, deveria começar a se preparar. Nenhuma organização, seja qual for o segmento, está imune diante de situações de crise.

Havendo a ocorrência de alguma EMERGÊNCIA, todos os funcionários precisam estar prontos para agir. A preocupação em reparar eventuais danos causados aos envolvidos e com os prejuízos à imagem de empresa deve ter a mesma proporção.

O primeiro passo é simples (e muitas vezes esquecido): manter ao alcance dos funcionários uma lista com os CONTATOS DE TODOS OS PROFISSIONAIS que devem ser avisados da ocorrência, com atualizações periódicas.

Os presidentes ou altos executivos da empresa devem ser os primeiros a ser notificados. Além do telefone celular e residencial, números da casa de praia, do sítio no interior ou até de parentes próximos precisam ser incluídos.

É de extrema importância que todos sejam informados o mais rápido possível, antes que INFORMAÇÕES NÃO OFICIAIS comecem a circular.

Os funcionários são sempre instruídos a NÃO ESPECULAR nem dar qualquer explicação sobre as causas do ocorrido. Geralmente, uma única pessoa é eleita PORTA-VOZ oficial da empresa e somente ela deve se reportar à imprensa – estamos falando normalmente de um diretor estratégico, um vice-presidente ou o próprio presidente. Isso evita informações desencontradas, que afetam a credibilidade do que é dito. Se a crise envolver questões de cunho técnico, um EXECUTIVO DA ÁREA TÉCNICA torna-se o segundo porta-voz.

As EMPRESAS AÉREAS, por exemplo, estão sempre atentas aos planos de crise. O risco de uma aeronave cair sempre existirá e, se confirmado, invariavelmente causaria uma imensa tragédia.

No plano de crise, o primeiro passo é justamente avisar as pessoas certas, para então dar início aos demais procedimentos.

Um exemplo emblemático é o caso de um cruzeiro em que vários hóspedes tiveram problemas de gastroenterite. Somente depois que todos foram avisados, tiveram início às declarações oficiais, como a averiguação das causas do problema. As reparações aos danos provocados pelas paradas e atrasos da viagem foram feitas em seguida, como diz o *SCRIPT*.

Restaurantes, hospitais, hotéis, indústrias químicas... ninguém está livre de uma turbulência, cada qual nas suas proporções. Então, apresse-se para montar seu plano de emergência. O primeiro passo está aí.

ESCÂNDALO SELETIVO

Já ouviu falar em ESCÂNDALO SELETIVO? Explico com um exemplo: a avalanche de notícias sobre pedofilia na Igreja Católica. Não estou aqui para defender o universo católico ou o de qualquer outra religião. Mas, sim, para expor uma CRISE no modo de fazer jornalismo.

Uma análise crítica e sincera mostra apenas EQUÍVOCOS nesse e em outros escândalos que regularmente ganham as manchetes não só aqui no Brasil, mas também em todo o mundo. A FALTA DE APURAÇÃO do jornalismo e de confronto de informações com fontes independentes e tecnicamente responsáveis não expõe a verdade dos fatos às massas de leitores.

A DISSEMINAÇÃO de notícias pela internet abriu espaço para pôr no ar informações que fogem do controle da sociedade organizada – do *status quo*. Já as PRÁTICAS

JORNALÍSTICAS reproduzem desde sempre tudo o que é politicamente correto – muitas vezes sem apurar.

A JUVENILIZAÇÃO das redações, a pouca especialização dos repórteres, a reprodução sem senso crítico de editores e o ENGAJAMENTO ideológico dos *publishers* fazem de todos nós REFÉNS – não exclusivamente a classe jornalística – de interesses diversos: de ambientalistas, políticos, governos, grandes grupos corporativos, do movimento gay, da Igreja etc.

Mas, indubitavelmente, a redescoberta da verdade passa pelo BOM JORNALISMO. Em tempo: um levantamento feito na Alemanha – de 1995 aos dias atuais – mostra 210 mil denúncias de abuso sexual. Destas, apenas 300 envolviam a Igreja Católica, 0,2% do total. Um verdadeiro ESCÂNDALO SELETIVO!

LIDANDO COM AS CRISES

Problemas e CRISES não têm hora para acontecer. São imprevisíveis. Eclodem quando menos se espera.

Já as respostas e ações de contenção podem ser perfeitamente administradas, desde que mapeadas e analisadas em dias de normalidade. Ninguém toma boas decisões com a cabeça quente e no OLHO DO FURACÃO.

Certo dia respirei aliviado ao fechar a porta da agência numa sexta-feira, já no início da noite. Tivemos uma SEMANA CHEIA – ações em muitas frentes, pautas pipocando aqui e ali, reuniões e mais reuniões e uma daquelas viagens tipo bate-e-volta para deliberar sobre estratégia de inauguração da nova planta de uma indústria cliente da agência.

Até que, às 23h37, o celular toca e, do outro lado da linha, surge uma NOTÍCIA INCÔMODA. O gerente de um hotel informava o SUICÍDIO DE UM HÓSPEDE – no caso um empresário muito conhecido em sua cidade de origem. A PREOCUPAÇÃO do gerente era qual seria a repercussão do incidente na mídia.

Era o primeiro caso que ele enfrentava. Eu já devo estar no 16º. Sim, suicidas em hotéis são MUITO COMUNS. Já cheguei a manejar, no mínimo, um caso por mês. Só mudava o endereço.

Expliquei ao gerente que um suicídio é uma DELICADA QUESTÃO editorial. Informei que costumeiramente a imprensa NÃO NOTICIA esse tipo de ocorrência, que existe uma espécie de consenso no jornalismo segundo o qual a publicação desse assunto pode motivar outras pessoas em desespero ou depressão.

"Mas o sujeito é um empresário famoso e poderoso em sua cidade natal", argumentou o gerente. Um SURTO DE DÚVIDA e ponderação se alternou em meus pensamentos, que, minutos antes, estavam quase adormecidos. "As chances de o caso ser noticiado são maiores na cidade de origem do falecido, e isso só a partir de segunda-feira", retruquei.

DITO E FEITO. O episódio ganhou certa repercussão em Palmas por uma série de circunstâncias nebulosas envolvendo a vida empresarial do suicida, mas nenhuma linha saiu em Belo Horizonte.

NÃO FUJA DO PROBLEMA

Certa vez, um EX-CLIENTE nos procurou porque a empresa estava envolvida em uma onda de pânico, com os principais EXECUTIVOS CONFUSOS diante de acusações divulgadas pela imprensa.

No âmago da questão, estava um serviço extremamente lucrativo para a companhia, com anos no mercado, mas posto NA BERLINDA por denúncias de fraudes e grandes prejuízos a terceiros.

A empresa era EXPLICITAMENTE CITADA nas reportagens de rádios, redes de televisão e jornais de circulação nacional. A primeira medida sugerida por nós, e implementada pelo comitê de executivos escalado para conter a crise de imagem, foi inserir no *site* da empresa uma nota dizendo que as suspeitas eram infundadas.

Os veículos de comunicação receberam, em seguida,

uma explicação por meio de uma NOTA OFICIAL, assinada pelo sócio da empresa, que informava a ciência do problema e que seria feita a averiguação de eventual responsabilidade. Quem assinou a nota foi escalado para atender os jornalistas.

Os FUNCIONÁRIOS não foram esquecidos. Simultaneamente souberam pela intranet a versão da empresa sobre os acontecimentos. Para parceiros, fornecedores, entidades do círculo de atuação da empresa e órgãos de defesa do consumidor, preparamos um E-MAIL DE ESCLARECIMENTO, reforçando os compromissos da companhia e as medidas operacionais preventivas contra fraudes. Nessa mensagem, inclusive, o diretor colocava-se à disposição em caso de dúvidas e possíveis conflitos.

Espero que nossos leitores, principalmente os de pequenas e médias empresas, não se esqueçam das medidas aqui informadas quando envolvidos em uma situação de crise semelhante.

ENTREVISTAS DIANTE DE UM FATO DELICADO

Nem sempre é uma tarefa confortável dar ENTREVISTAS. Se a empresa ou a carreira estão em um bom momento, tira-se de letra o bate-papo com um repórter. Matérias POSITIVAS massageiam o ego de qualquer executivo e são excelentes oportunidades para expor a companhia diante da concorrência.

Mas a situação muda de figura quando a solicitação de uma equipe de reportagem advém de um FATO DELICADO. Faço um paralelo com o falar em público. Essas ocasiões põem à prova os melhores porta-vozes.

Como manter o equilíbrio durante uma entrevista em uma condição vulnerável? A primeira regra é falar apenas o que pode ser DIVULGADO. Não se esqueça nunca disso. Se você avançar o sinal e passar informações que não devem ser ditas, sua situação e a da empresa só se complicarão.

NÃO ENTENDEU a pergunta? Sinta-se à vontade para pedir ao entrevistador que repita a questão. Responda sempre ao que foi perguntado – nada além. Desse modo, evita-se a transmissão de informações desnecessárias, e o risco de cair em CONTRADIÇÃO fica mínimo ou não há margem para divagações sobre um tema delicado.

A melhor postura é sempre passar tranquilidade. Atitude difícil no momento? A solução é usar FRASES CURTAS e objetivas. Elas facilitam a compreensão do repórter e dos ouvintes. Se precisar usar termos técnicos ou específicos, eles devem ser esclarecidos. Exemplos e comparações ajudam a fundamentar um pensamento.

Prefere não responder a uma pergunta? SEJA SINCERO e informe que não vai se posicionar. Seja paciente com as insistências e evite evasivas. REPITA que no momento não tem como responder à questão. Se possível, forneça outro dado interessante.

Gesticule o mínimo possível – sinal clássico de DESCONTROLE. Nada também de levantar sobrancelhas ou fazer cara feia diante de perguntas incômodas. Já vi muito executivo inocente – mas contrariado – ser crucificado nesses momentos.

Para maior controle emocional, tenha em mãos dados que darão suporte à informação do tema da entrevista. Mas concentre-se em uma ou duas mensagens que deseja transmitir. FAÇA ISSO no início e no fim da entrevista. Com CABEÇA FRIA, as chances de tudo dar certo são muito grandes.

Boas entrevistas!

PARA SER UM BOM ASSESSOR DE IMPRENSA

ATENDIMENTO BOM É ATENDIMENTO COMPLETO

As agências de comunicação especializadas em relacionamento com a imprensa estão se modernizando. Ao contrário dos jornalistas alocados nas redações, o assessor de imprensa tem um perfil que se aproxima do executivo de negócios – porém, com uma base técnica de comunicação.

Ele é um profissional mais completo, com NOÇÕES de relações públicas, marketing e publicidade, capaz de conceber e executar uma estratégia de comunicação específica para cada cliente.

Essa mudança ocorre também em razão do amadurecimento do setor e da consolidação das agências na cadeia produtiva da notícia. A árdua função de elaborar boas pautas todos os dias, antes delegada aos pauteiros e produtores, ganhou o substancial reforço das assessorias.

O profissional dedicado ao atendimento deve estar sempre BEM INFORMADO, ter VISÃO global e habilidade para relacionar os fatos em evidência com a atividade do seu cliente.

É preciso também conhecer a CULTURA do cliente, acreditar e INCORPORAR a visão e a missão da empresa.

No entanto, a obrigação de procurar meios para saber tudo a respeito da empresa é do assessor, que deve ser PROATIVO e propositivo em suas ações.

Lidar com o cliente é, na maioria das vezes, a grande dificuldade de um assessor de imprensa, principalmente se ele for originário de redações. A velha máxima de que o cliente sempre tem razão também vale nesse caso, coisa difícil de o jornalista conseguir entender, uma vez que ele está acostumado ao CONFRONTO E QUESTIONAMENTO.

Mas ter razão não significa dizer amém. OUVIR o cliente é essencial, mas defender uma estratégia e contra-argumentar é parte do dia a dia dos assessores. Afinal, são CONSULTORES de imprensa que exploram seu conhecimento e sua rede de contatos para fazer a empresa virar notícia.

Como em toda relação humana, sobram cobranças e divergências de pensamento. Mas nada como pitadas de CRIATIVIDADE e ENCANTAMENTO para manter essa parceria em plena harmonia.

ATENDIMENTO NOTA 10

O cliente não pode ver o profissional de comunicação corporativa como um SIMPLES FORNECEDOR. O assessor de imprensa trabalha com vista a um campo muito mais amplo.

A agência de comunicação é uma assessora do cliente. Ela conquista a confiança dos executivos de uma empresa pelo profundo DOMÍNIO das especialidades e pelas nuances do mundo da comunicação.

A enorme capacidade de transformar CONHECIMENTO em ação e entusiasmo é outro atributo nato do bom atendimento.

O assessor de imprensa deve ter a POSTURA de um interlocutor e conselheiro HONESTO, capaz de dar uma visão externa sem os vícios e tabus que normalmente dominam a direção da empresa. Ele tem de ser SÓCIO nos objetivos, criar oportunidades e apresentar soluções para os problemas de comunicação do cliente, com uma visão de curto e longo prazo.

Sob esse ponto de vista, o contato de uma assessoria de imprensa deve ser uma pessoa vibrante, com vontade de fazer sempre o melhor, de superar-se continuamente, que gosta de criar sempre algo novo, com ESPÍRITO DE LUTA e questionamento para encontrar a melhor forma de desenvolver cada ação a ser trabalhada.

Como profissional MULTIFUNCIONAL, o assessor tem de exibir ainda duas características fundamentais – iniciativa e organização.

Em geral com o dia a dia atribulado, o bom atendimento está sempre em BUSCA de novas informações, VISITA o cliente, CONVERSA informalmente com gerentes e equipes das empresas atendidas, ANALISA o noticiário para descobrir outras formas de divulgação. Além disso, PESQUISA temas já trabalhados para resgatar oportunidades de difusão de informação e fontes.

Enfim, ele nunca fica PARADO à espera de um anjo passar por sua mesa e lhe entregar de bandeja uma pauta sensacional.

Ao contrário, está sempre ATRÁS de um fato novo, faz contatos com jornalistas expressivos, negocia prazos e divulgação com os clientes, indica aos colegas espaços disponíveis e nobres na mídia.

O assessor FAZ ACONTECER, além de saber escrever, ouvir, falar, planejar, representar a empresa atendida, administrar egos, manter o cliente satisfeito...

MISSÃO E ATITUDES DE UM BOM ASSESSOR

- O bom assessor de imprensa busca continuamente a satisfação do cliente. Para atingir esse objetivo, antes de criatividade e grandes sacadas, ele precisa ter ORGANIZAÇÃO, iniciativa, ser respeitoso, ético e cumprir e perseguir um CRONOGRAMA de trabalho.

- Um RELACIONAMENTO ESTREITO com o cliente é primordial para o sucesso do trabalho. Futuros resultados na imprensa começam com uma reunião formal de pauta ou mesmo um simples e casual bate-papo. Estar próximo do dia a dia da empresa é essencial para o crescimento do trabalho.

- O assessor deve ter atitudes positivas, estar ENVOLVIDO com as metas da empresa e portar CONHECIMENTO e EXPERIÊNCIA, uma vez que ele estará recomendando e decidindo a divulgação de determinado assunto ou evento. Se não conseguir conquistar a CONFIANÇA do cliente, o melhor é não prosseguir.

- O assessor de imprensa deve ter ARGUMENTOS inteligentes para convencer as pessoas e demonstrar domínio em sua área de atuação. Deve ainda saber dizer não quando sua interface na empresa insiste em divulgar algo de modo que não despertará interesse da mídia.

- Lembre-se: o assessor não exerce sua função apenas nas oito horas em que está na agência. Está ligado 24 horas.

É na OBSERVAÇÃO de tudo o que acontece ao seu redor que nascem ideias criativas e pautas inovadoras. E isso não tem nada a ver com grandes sacadas. Tem a ver com DISCIPLINA.

MULTIPROFISSIONAL

O termo acima pode ser aplicado perfeitamente aos assessores de imprensa. Ou GESTORES DA COMUNICAÇÃO, como preferir. O profissional restrito à produção de *releases* e *follow-ups* com a imprensa já não tem espaço nos dias de hoje. As tarefas vão muito além disso. A começar pela intensidade e VERSATILIDADE.

Fazer a articulação entre as diversas esferas do poder – empresa, mídia e público final –, treinar executivos e ainda ser um repórter são funções que o tornam um profissional MULTIFUNCIONAL.

As diferenças entre comunicação corporativa e redação já são bem conhecidas. Mas o assessor de imprensa, por formação, tem a missão de FAREJAR NOTÍCIAS. Atualmente, estima-se que pelo menos metade do conteúdo editorial da grande imprensa tenha sua interferência direta. Pois é ele quem ABRE AS PORTAS da empresa à mídia, sempre pautado pela criatividade, pela ética e pelo jogo de cintura.

Como graduado em Comunicação Social, espera-se do assessor alguém culto, bem informado sobre os mais diferentes assuntos, apto a apontar CAMINHOS e opinar sobre as decisões e objetivos da empresa-cliente. Jamais um bajulador. Em ocasiões como um almoço de negócios, tão frequente, o gestor também deve interpelar e demonstrar seu conhecimento. Na reunião com o cliente, ele deve atuar como um questionador.

Nas horas de tempestade, entra em cena o GESTOR DE CRISES. Na empresa em turbulência que não recorre ao consultor de mídia, o barco afunda em minutos. O assessor de comunicação tem SABEDORIA PRÁTICA para fazer com que o problema não vá parar debaixo do tapete.

Esse profissional incansável deve também construir *NETWORK* e até prospectar novas oportunidades de negócio para o cliente, sempre em espaços nos jornais, revistas, *sites* e emissoras.

O segmento de assessorias é relativamente novo no mercado brasileiro em relação ao norte-americano, mas suficientemente nobre para COOPERAR NO PROCESSO DE COMUNICAÇÃO das empresas. Reuniões, textos, telefonemas, almoços, leituras, negociações – com tantas tarefas-chave, ninguém duvida de que se trata de um profissional ESTRATÉGICO.

MUNDO CORPORATIVO OU DE AGÊNCIAS?

Existe uma dúvida muito comum entre aqueles que planejam seguir carreira em comunicação corporativa: decidir entre trabalhar em uma agência de relações públicas e relacionamento com a mídia e um departamento de comunicação de uma empresa.

Sempre há prós e contras em qualquer opção na vida. Procurei no quadro da página seguinte sintetizar algumas vantagens e desvantagens de cada uma das possibilidades.

Agência de RP e relacionamento com a mídia	Departamento de comunicação corporativa
Muita produção e pressão	Trabalho mais gerencial
Adquire-se experiência rapidamente. Em geral, sempre há um mentor por perto	Oportunidades de trabalhos raras para os "sem-experiência". Tarefas demasiadamente delimitadas
Muita variedade. Trabalhando para diversos clientes e projetos ao mesmo tempo	Pouca variedade no nível inicial da carreira. O mesmo cliente o tempo todo. Vantagem: pleno domínio da organização. Desvantagem: a mesmice pode imperar
Possibilidade rápida de evolução profissional. Aprende-se a ter postura, a cumprir prazos e a fechar orçamentos	Crescimento limitado, a menos que você esteja disposto a mudar de empregador
Dia a dia de muitos desafios, pressão e expectativas	Ritmo de trabalho mais lento e cobrança menor
Lugar certo para a capacitação de um profissional. Habilidades lapidadas e aperfeiçoadas rapidamente	É preciso ter domínio em muitas áreas. Pouco tempo para aprender e raros pares para trocar experiência
Raramente vê o impacto do seu trabalho para um cliente. Fora do centro de decisões	Vê os impactos instantaneamente. Envolvimento pesado com o alto escalão de empresa. Importante componente no quadro de decisões
NETWORKING com outros profissionais abre oportunidades de trabalho mais promissoras	Tão envolvido com o trabalho que não há tempo para *NETWORKING*
Intensa pressão diária e alta produtividade	Pouca pressão diária. Ênfase maior no acompanhamento de resultados de longo prazo
Grande rotatividade de colaboradores	Rotatividade menor
Orçamentos e recursos limitados	Mais recursos disponíveis
Tradicionalmente os salários são mais baixos	Remuneração tende a ser mais alta
Assistência médica e benefícios são mínimos	Benefícios mais polpudos
Grande ênfase em táticas e produção de conteúdo	Trabalho mais gerencial e envolvimento em planejamento estratégico

FAZENDO O QUE GOSTA

Todo profissional, para ser excelente, depende quase que exclusivamente de si mesmo. Independentemente do campo de atuação, o SUCESSO é sempre fruto de talento, conhecimento e experiência. Ajudam, e muito, a iniciativa, a dedicação, o ESFORÇO e a perseverança. Sem essas características fica difícil vencer em qualquer profissão. Outro quesito importante é FAZER O QUE GOSTA. Sem envolvimento e entusiasmo, qualquer trabalho se torna enfadonho.

No segmento da comunicação empresarial não é diferente. O sujeito precisa ser CURIOSO, culto, inteligente e saber trabalhar sob pressão das críticas, do tempo e das cobranças. Deve gostar de pessoas, de aprender COISAS NOVAS e de resolver problemas. Ser crítico, responsável e inovador. Sem falar que ESCREVER BEM e dominar as normas cultas da língua portuguesa também é essencial.

Mas existe um quesito primordial – GOSTAR DE LER JORNAIS e revistas diariamente (e ainda acompanhar os programas de rádio, TV e vasculhar regularmente a internet). Apesar de o assessor não ser jornalista de redação, a notícia também é MATÉRIA-PRIMA da comunicação corporativa. Assim como os repórteres, o assessor de imprensa deve ser rigoroso com a exatidão e a informação correta, conhecer com precisão as mídias e seus espaços editoriais e saber QUEM É QUEM no mundo do jornalismo.

Pode-se dizer que assessor de imprensa que NÃO LÊ JORNAIS é pior que um professor que não gosta de dar aulas. Não é exagero. O professor domina a matéria que leciona, mas o consultor de comunicação que não acompanha o noticiário é incapaz de discernir O QUE É NOTÍCIA (o que é novo e velho) e como construí-la.

E não é só isso. É um profissional com dificuldades visíveis de encontrar e construir boas histórias empresariais. Ele não sabe avaliar o interesse da mídia pelas notícias e fatos gerados pela empresa que representa e exibe ainda um desempenho sofrível na seleção de espaços editoriais para divulgar os lançamentos e as proezas alcançadas pela companhia na mídia. Sem vivência, ele DESCONHECE como construir e apresentar boas pautas aos meios de comunicação de primeira grandeza.

Em vez de liderar a comunicação da empresa que atende COM CRIATIVIDADE e em prol de uma imagem positiva, esse assessor de imprensa desconectado e despreparado pouco vai ajudar o seu negócio a virar notícia.

DICAS DE WILLIAM BONNER

O livro *Jornal Nacional – Modo de Fazer*, de William Bonner, é uma obra que todo brasileiro médio deveria ler. Primeiro porque o telejornal está em nossa vida. CRES-

CEMOS COM ELE. São mais de 40 anos de história. Sua audiência reúne RICOS e pobres, ANALFABETOS e escolarizados, que se atualizam sobre o Brasil e o mundo postados em frente à telinha, com clareza, isenção, pluralidade e correção.

O livro explica os CRITÉRIOS DE SELEÇÃO dos assuntos veiculados. Mas o que mais encanta é a narrativa do autor e apresentador do telejornal de maior audiência do Brasil. Você ouve Bonner contar os episódios. Vê e reconhece imagens que o livro retrata. Parece que fazemos parte dos casos narrados e da própria equipe do *Jornal Nacional*.

Não é uma CARTILHA DIDÁTICA. O livro tem uma linguagem de telejornal. Bonner escreve com a mesma técnica que aplica todos os dias no programa – muito diferente de escrever para um jornal. As frases têm início, meio e fim. As orações são sempre na ORDEM DIRETA (as invertidas dificultam muito mais a compreensão).

Os textos são parecidos com o modo usado para contar alguma coisa para alguém. É por isso que encanta, afora um mundo de CURIOSIDADES INTERNAS e episódios que todos os brasileiros guardam na memória.

No final, Bonner dá a receita de vícios e virtudes de um bom texto. Veja um exemplo:

O presidente dos Estados Unidos, Barack Obama, chegou hoje a Washington depois de uma viagem de cinco dias pela Europa. Ele disse que a recuperação da economia americana está nas mãos dos congressistas. Até sexta-feira, os deputados e senadores precisarão aprovar um pacote de ajuda de um trilhão de dólares.

Nada de frases longas e orações intercaladas. São valorizadas FRASES CURTAS e construídas na ordem direta. Os verbos são flexionados em seu TEMPO REAL, como as pessoas falam. Passado é passado, presente é presente e futuro é futuro.

Ele também recomenda usar termos de COMPREENSÃO IMEDIATA. Aliança partidária em vez de coalizão partidária, por exemplo.

QUER LER O TEXTO ABAIXO?

Se o leitor de um jornal decidiu ler uma reportagem, grande parte do mérito está na posição que a notícia ocupa e na manchete que o titula. Em meio a tantas informações veiculadas diariamente pela mídia, um título atraente e inusitado é o grande chamariz para captar a atenção da audiência.

A mesma regra é válida para um comunicado de imprensa. Ele deve ocupar uma ou duas linhas, com uma média de 30 a 35 toques, e, antes de tudo, precisa DAR O RECADO. Nada de floreios.

Diante da avalanche de e-mails que os jornalistas recebem todos os dias, um título de qualidade sempre chama atenção, abre caminho para a leitura do *release* e pode fazer o assunto ganhar espaço editorial.

    O título tem de comunicar o conteúdo. Se sua empresa está iniciando OPERAÇÕES em uma cidade ou estado, a divulgação da região logo de cara desperta a atenção dos jornalistas. Se o investimento for considerável – acima de R$ 10 milhões –, por que não destacá-lo?

    O uso de verbos é recomendável, mas nunca conjugados no passado, para não dar a conotação de notícia velha. Eles devem estar no PRESENTE DO INDICATIVO ou no futuro do indicativo.

    ADJETIVOS também são descartáveis. Você está noticiando um fato, não fazendo publicidade.

    Na arte de escrever um título, o segredo é SER CRIATIVO e estimular a CURIOSIDADE do leitor.

AS MELHORES PRÁTICAS DE ASSESSORIA DE IMPRENSA

O *PRESS KIT* PERFEITO

Instrumento de grande importância para o trabalho dos jornalistas, o *press kit* representa uma fonte de EXTREMA CONFIANÇA para os repórteres na elaboração de suas matérias. Todos os fatos e detalhes relevantes da operação da empresa devem compor o material, que É OBRIGATÓRIO em coletivas, eventos, entrevistas ou mesmo em um almoço com a mídia.

O que se deve pôr em um *press kit*? Comunicados de imprensa recentes, um perfil detalhado da companhia (histórico, principais executivos, produtos e serviços comercializados, dados e números operacionais, vantagens competitivas etc.) e imagens.

FOTOS e vídeos devem ser tratados em capítulo à parte. Não são necessárias 300 fotografias, apenas uma SELEÇÃO representativa da empresa – parque fabril, linha de produção, produtos em processamento, mercadorias nos pontos de venda e uma ou duas fotos do porta-voz (e de outros executivos, desde que necessário).

As imagens devem ser escolhidas a dedo, com critério de luminosidade, foco e beleza plástica, e não devem ser mais de 20. Se houver um vídeo institucional, inclua-o no *kit*.

Obviamente, tudo organizado e inserido em um CD com o logotipo da empresa. O que deve ser impresso? Apenas as NOTÍCIAS que realmente o jornalista precisa saber de imediato. As demais informações estarão acessíveis em detalhes no CD.

Além do conteúdo, a apresentação do material também conta pontos e ainda reforça a lembrança do *press kit* pelos jornalistas. Pasta, CD, papelaria e ainda um pequeno mimo – bloco de anotações e caneta, por exemplo – são sempre bem-vindos.

BOA VIAGEM E BOA MATÉRIA

Convidar jornalistas para fazer uma viagem já se tornou prática comum entre as assessorias de imprensa. A ideia é apresentar um novo produto ou serviço à mídia de forma PERSONALIZADA. O setor de turismo aposta constantemente nesse tipo de programa, para divulgar hotéis, destinos ou serviços.

Há outros bons exemplos nas distribuidoras de FILMES, que chamam um grupo de repórteres para importantes festivais de cinema. Feiras internacionais do setor automotivo também recebem com frequência a IMPRENSA CONVIDADA pelas montadoras.

São raros os casos em que esses jornalistas viajam, hospedam-se e apuram suas informações por conta das redações. Quase sempre o interesse pela reportagem nasce de convites com tudo ou quase tudo incluído. De quebra, as empresas anfitriãs merecem CRÉDITOS da viagem na matéria, ou produto, e somam menções positivas.

Então, é só viabilizar passagem aérea, hotel de primeira e credencial para obter sucesso nessa iniciativa? Opa, você se esqueceu de duas palavras essenciais. Uma é INDEPENDÊNCIA EDITORIAL. Sim, a aceitação do convite não significa garantia de matéria nem exposição da companhia. O jornalista é quem decidirá se a matéria será publicada e o que incluirá em seu texto.

É aí que entra o PLANEJAMENTO. Cabe ao assessor de imprensa escolher criteriosamente os veículos a serem convidados – se há duas mídias diretamente concorrentes, chame só uma. Ele deve ainda preparar um atraente MATERIAL DE DIVULGAÇÃO, que vá ao encontro do interesse daquela publicação. Dessa forma, a viagem passa a ser uma simpática aproximação da empresa com os meios de comunicação.

Em muitas ocasiões, o assessor ainda acompanha os jornalistas, para conduzi-los e atender às suas necessidades, abrindo portas e facilitando contatos. O resultado costuma ser muito compensador. Um trabalho verdadeiramente SEM FRONTEIRAS.

VIAGENS DE IMPRENSA

Às vezes eu me vejo dizendo a mesma ladainha. Mas, para formar conceitos e profissionais, é preciso ser repetitivo. Hoje, eu foco a atenção nas VIAGENS DE IMPRENSA, os *press trips*, com o objetivo de apresentar um serviço, produto ou destino turístico a um grupo representativo de jornalistas.

Apesar do apelo de eventos do gênero, não pode faltar BOM SENSO na hora de montar um roteiro de viagem. Algumas REGRAS valem aqui ou em qualquer parte do mundo. Uma delas é não juntar estranhos no mesmo apartamento do hotel. Dividir o mesmo quarto só vale para pessoas da mesma equipe, do mesmo sexo e desde que seja previamente acertado.

Organizar um *press trip* exige um esforço tremendo para o convencimento da empresa, principalmente em relação a custos, SELEÇÃO DE CONVIDADOS, LOGÍSTICA, PROGRAMAÇÃO e disponibilidade de porta-vozes. Por isso, o programa deve ser muito bem preparado para atender a interesses de todas as partes envolvidas. Veja, a seguir, orientações para uma viagem de sucesso e sem percalços.

- Pelo custo e pessoal envolvidos, a seleção da mídia deve ser extremamente técnica – nada de amigos jornalistas – e em concordância com os objetivos de marketing e divulgação.

- Os convites devem ser enviados com até 30 dias de antecedência.

- Não é preciso oferecer, em voos internacionais, assentos na primeira classe. A classe econômica é usual e satisfatória.

- O número de participantes pode variar, mas um *press trip* ideal deve ter pelo menos meia dúzia de repórteres.

- Acima de oito jornalistas, é bom e necessário ter um assistente para a condução do grupo. É natural que o grupo se divida, em razão dos interesses distintos de cobertura.

- Além do transporte e da hospedagem, a programação

deve incluir alimentação, traslados e ingressos.

- Despesas pessoais com telefone, bebidas alcoólicas e lavanderia, entre outras, não são cobertas.
- Nada de *press kits* simplórios. Capriche no conteúdo e no visual, com comunicados institucionais, últimos textos, imagens do destino e do empreendimento, fotos dos executivos.
- O tempo comprometido deve proporcionar contatos, visitas, entrevistas e informações que justifiquem a adesão de repórteres e a ausência deles no dia a dia das redações.
- A viagem deve durar por volta de quatro dias. Com menos tempo, a programação é demasiadamente acelerada. E mais dias desgastam o *press trip* e comprometem o dia a dia das redações.
- Os horários devem ser exequíveis e realistas com o roteiro.
- Pense sempre em oferecer uma janela de tempo livre, o que enriquece a experiência de viagem.
- Ouça e formalize as impressões dos jornalistas em um relatório de avaliação após o *press trip*, com opiniões em relação a parte aérea, hospedagem, alimentação, programação e *staff*.

A UTILIDADE DO VÍDEO-*RELEASE*

Como AGREGAR mais valor à comunicação empresarial? As respostas podem variar. Eu arrisco uma: VÍDEO-*RELEASE*. A ferramenta consagrada em mercados como o norte-americano avança no Brasil.

Em tempos de mídia social e comunicação 2.0, o vídeo pode assegurar uma notável ampliação do ALCANCE de uma notícia. Antes direcionado apenas a emissoras de TV, ele vem sendo utilizado também para a imprensa escrita com eficiência e indiretamente para o grande público via mídias sociais.

Para as empresas, o vídeo-*release* é um instrumento de CONFIABILIDADE. Afinal, não se trata somente de imagens e textos *com aspas*. São muitas as POSSIBILIDADES a serem exploradas nesse novo instrumento de divulgação e promoção: lançamento de produtos, participação em feiras, parceiros falando de seu negócio, REGISTRO de eventos internos, festas de confraternização, vídeos institucionais, celebridades apreciando um destino turístico, COMO FUNCIONA determinado produto, ações de sustentabilidade etc.

Em relação a eventos promovidos pela companhia, sua divulgação posterior poderia ser meramente protocolar. Com o vídeo-*release*, a palavra do diretor dirigida a gestores e funcionários pode ser distribuída à imprensa, DIS-

PONIBILIZADA NO *SITE* e postada no YouTube, fazendo a divulgação ganhar força e até SENSIBILIZAR o público.

Mas o vídeo não funciona só na bonança. Que o diga a Domino's Pizza, que em 2009 serviu de cenário para que dois funcionários encostassem queijo no nariz, espirrassem na comida, entre outras peraltices.

A brincadeira despretensiosa foi vista por 930 mil pessoas em dois dias e viraria uma grande CRISE INSTITUCIONAL, não fosse a RÁPIDA REAÇÃO do presidente da marca nos Estados Unidos, Patrick Doyle, que postou imediatamente um vídeo com pedido de desculpas aos clientes.

Mostrar sua cara pode fazer toda a diferença! Imagine fazer dessa atitude um gesto de inovação!

FOI NUMA SEXTA-FEIRA

O caso que vou contar não sai de minha MEMÓRIA. Tempos atrás surgiu a necessidade de realizar um evento com a mídia para um cliente. Sempre postulei e organizei encontros com a IMPRENSA às terças ou, no máximo, às quartas-feiras. Mas, por um problema de agenda do porta-voz, foi aventada a possibilidade de fazer a ação em uma sexta-feira.

Por um lapso, a opção não foi descartada. E a considero um dos PIORES VACILOS que já vivenciei no relacionamento com a mídia. Antes de fechar a data, ainda pedi para que a equipe se certificasse com alguns veículos expressivos da GRANDE IMPRENSA sobre a conveniência de realizar o evento em uma sexta-feira. Por incrível que pareça, não tivemos um senão nem oposição dos jornalistas consultados.

Assim, acreditei que poderíamos ter uma boa audiência, já que a sexta-feira sempre é um dia mais tranquilo para a maioria dos mortais. Seguimos em frente e, com a devida antecedência, nos organizamos para promover um ENCONTRO DE SUCESSO entre a empresa e a mídia no período da manhã, com direito a um *brunch*. Estabelecemos uma meta ambiciosa. Obter a confirmação de, no mínimo, 20 jornalistas de economia e negócios.

Chegamos bem próximo a isso. Na véspera do evento, estavam confirmados 17 convidados. Levando-se em conta que aparece apenas metade das pessoas que confirmaram a presença, teríamos uns nove repórteres qualificados.

Era um VERDADEIRO FEITO, já que não era uma coletiva de imprensa, não teríamos nenhuma informação bombástica nem o porta-voz era uma personalidade de primeira grandeza. Mas tínhamos muitas informações privilegiadas sobre o segmento econômico e de mercado. Por isso chegamos ao local do evento bastante CONVICTOS.

O RESULTADO foi realmente decepcionante. Apareceram apenas três jornalistas. A sala para 25 pessoas e o *brunch* previamente montado mostraram-se um retumbante erro e um esquecimento primário.

As sextas-feiras são DIAS DE ADRENALINA nas redações, para o fechamento das edições de fim de semana e a finalização das reportagens âncoras dos principais veículos. E quem não está na loucura não quer saber de compromissos. Afinal, é sexta-feira para a maioria dos mortais. Dessa lição não me esquecerei jamais.

FALANDO DO DESCONHECIDO PARA QUEM NÃO CONHECE

Começar um trabalho novo é sempre um desafio, que se torna ainda maior quando NEM A MÍDIA especializada conhece em detalhes o negócio que está surgindo.

Atendemos um congresso internacional sobre gestão na área de impressão. O gerenciamento de impressão – conhecido como MPS (*Managed Print Services*) no exterior – é um SERVIÇO POUCO EXPLORADO no Brasil. Porém, são muito promissoras as perspectivas de expansão da atividade no país. Aqui, esse segmento experimenta uma taxa de crescimento de 49% ao ano, atrás apenas da Índia em nível mundial.

Apesar do POTENCIAL DO MERCADO brasileiro (dono de 41% das receitas do setor na América Latina) e da atração dos principais *players* mundiais (Xerox, HP, Lexmark e Ricoh), o serviço ainda engatinha entre empresas nacionais. E a IMPRENSA DESCONHECIA por completo as vantagens e a economia proporcionadas pelo serviço.

Ao assumirmos a missão, o primeiro passo foi realizar uma PESQUISA EXTENSA sobre o tema. Reunimos o MÁXIMO DE INFORMAÇÕES, com dados que atestavam a importância do segmento e os benefícios para as empresas brasileiras em termos de custos e despesas. Fizemos um *press kit* de Primeiro Mundo, extremamente didático/pedagógico.

Centenas de telefonemas e MUITA EXPLICAÇÃO fizeram parte do dia a dia do trabalho. Ouvir de um jornalista especializado um simples *Sim, eu conheço* foi raridade. Foram DOIS MESES de trabalho baseado em PERSUASÃO E PERSISTÊNCIA. Contatos exaustivamente repetidos com diferentes enfoques para noticiar o congresso e a vinda de especialistas de várias partes do planeta. A meta era criar audiência para o serviço no país.

O grande resultado não veio das coletivas de imprensa, mas, sim, dos encontros PESSOAIS E EXCLUSIVOS dos conferencistas com os melhores veículos de tecnologia da informação e de negócios.

O saldo final foi extremamente positivo e, o mais importante, plantamos uma semente chamada MPS, que um dia será rotina nas companhias brasileiras e no noticiário especializado.

XÔ E-MAIL!

Lá vem mais um e-mail para atrapalhar o trabalho que planejei com tanto cuidado no dia anterior! E ainda com o assunto URGENTE. Mas urgência não se resolve por telefone? Não importa. Responder mensagens passou a ser a grande PRIORIDADE, que fatalmente vai gerar uma resposta, uma réplica e assim por diante... Se mais pessoas estiverem em cópia, meu Deus!

Quando percebemos, o tempo passou e o assunto ainda está lá, cozinhando. Em UMA LIGAÇÃO, provavelmente o tema seria resolvido – sem polêmicas e sem margem para interpretações dúbias.

Em anos de comunicação empresarial, nem sempre eu escapei dessa realidade, mas percebi que ouvir a pessoa ou estar ao lado dela pode ser um interminável GERADOR DE OPORTUNIDADES.

Tempos atrás assumi a missão de atender uma consultoria empresarial de médio porte, herdando o TRABALHO de um ex-colega. Nada mal, pois a herança era positiva. Mas as dificuldades surgiram. As matérias saíam e nada de o cliente aparecer! Eis que SURGE A SOLUÇÃO, EM FORMA DE TELEFONE.

Eu selecionei um grupo de jornalistas, liguei e comecei a questionar sobre pautas que estavam em produção, pondo a consultoria à disposição. Não demorou para que as ENTREVISTAS e os RESULTADOS conquistassem a CONFIANÇA do cliente. E dos jornalistas também, já que passaram a nos ver como uma fonte sempre DISPOSTA E PRESTATIVA.

Fiz isso diversas vezes e funcionou, até que chegou a hora de conhecer o editor de uma dessas publicações. Foi um dos melhores ENCONTROS de que participei. PAPO VAI, PAPO VEM, até que chegou a hora de ir ao bufê e almoçar. E não é que uma conversa sobre música e a admiração comum pelos Beatles nos deram uma IDEIA de foto para uma grande matéria? A Abbey Road seria a inspiração para falar de quatro consultores que sobressaíam no mercado.

A foto não foi exatamente essa, mas a reportagem saiu! As VISITAS A REDAÇÕES também se revelaram ótimas oportunidades de relacionamento. Era a chance de saber, de fato, quem estava do outro lado.

Frequentemente, a dificuldade de contatar um jornalista ou cliente é substituída pelo CORREIO ELETRÔNICO, como se nos livrássemos de uma batata quente. Enquanto isso, aguardamos a tão esperada RESPOSTA – que chega de forma SIMPLÓRIA E IMPESSOAL. Quando chega!

Xi, outro e-mail!

BEM NA FOTO

Se uma imagem vale mais do que mil palavras, não sabemos. Mas a FOTO é elemento vital para o trabalho de assessoria de imprensa. Seja a imagem de uma empresa, de um executivo ou até de um produto, tudo deve ser divulgado com a produção de um PROFISSIONAL ESPECIALIZADO.

Por este motivo, fizemos uma entrevista com o fotógrafo Marcos Fiore. Com mais de 15 anos de experiência no segmento corporativo, o profissional é especialista em fotos de executivos, empresas e produtos. Confira suas dicas:

Uma boa foto é muitas vezes imprescindível no trabalho da assessoria de imprensa. Fale um pouco sobre essa importância na sua visão de fotógrafo.

Marcos Fiore — *A somatória de técnicas e observações durante uma sessão fotográfica com certeza fará do modelo ou do objeto um fato primordial para alcançar o objetivo principal — uma foto que por si só atraia o olhar do leitor. Essa foto, com boa composição e alta dose de técnica, evitará que o consultor de comunicação tenha de se alongar numa dissertação, para despertar no leitor aquilo que já deveria estar captado pela imagem.*

A imagem bem captada e bem trabalhada enriquece o artigo a ser publicado, tornando-se altamente explicativa. É importante que o profissional conheça o ambiente e tudo o que nele acontecerá.

Quais fotos devem compor um banco de imagens de uma empresa?

MF – Em primeiro lugar, os executivos. É importante que as pessoas conheçam quem são os responsáveis pelo sucesso do negócio. Nesse caso, as imagens devem passar confiança, sobriedade, segurança e tranquilidade. Braços cruzados podem significar falta de abertura para negócios, ou ainda a falta de acessibilidade. Opte pelos braços sobrepostos. Nunca com as mãos no bolso, pois pode transparecer o não comprometimento com o consumidor.

Em segundo lugar, o local. Mostrar os ambientes de trabalho, seus colaboradores ou aqueles que realmente fazem acontecer. Todos, sempre sorridentes. Em terceiro lugar, o produto ou serviço. Se for produto, destacar no contexto da empresa. Nesse momento, o profissional deve saber qual é o principal produto (carro-chefe) e fotografá-lo com o diretor responsável. Dessa forma, faremos a associação do executivo com o produto, apresentando ou reforçando sua imagem no mercado consumidor.

Como deve ser a relação do fotógrafo com a consultoria de imprensa?

MF – Essa relação deve ser antes de tudo de confiança, facilitando a troca de ideias para atingir o objetivo principal. O contexto da matéria deve ser passado com clareza, pois nem sempre o assessor poderá acompanhar o fotógrafo.

Toda empresa precisa ter uma imagem de divulgação de seu executivo. Como deve ser essa imagem? Que roupa usar, em que posição ficar?

MF – O produto determinará a postura do executivo a ser fotografado. Se for um presidente de uma rede de hotéis, com certeza ele deve trajar um terno completo. Se for diretor de uma clínica médica, o avental é indispensável. Isso deve ser analisado pela consultoria.

Já a posição deve ser escolhida no momento da foto, observando o melhor lado do rosto. Rosto erguido pode representar um ar agressivo. Sorriso leve, apoiado sobre a mesa e segurando o produto principal são boas dicas.

A foto deve ser captada na mesma linha dos olhos do leitor. Nunca de cima para baixo ou, em raras ocasiões, de baixo para cima. Alguns detalhes devem ser observados pelo profissional no momento da foto. Nenhum trabalho é igual ao outro, da mesma forma que reportagem alguma segue o mesmo padrão.

OPORTUNIDADES VISUAIS

Já mencionamos que uma imagem vale mais do que mil palavras. Mas esse artifício muitas vezes é negligenciado na divulgação à imprensa. Como nem sempre os jornalistas conseguem agendar uma fotografia com seus entrevistados, é hora de as consultorias de imprensa recorrerem ao seu BANCO DE IMAGENS. Aí é que mora o perigo.

Uma boa foto pode fortalecer uma história. Mas, nesse quesito, os vícios são rotina. Portanto, guarde bem as seguintes dicas.

Fotos do executivo: o jornalista espera receber uma foto profissional e não imagens em festas, com amigos, família, tiradas de um celular ou de uma câmera amadora. Deixe-as para os *sites* de relacionamento.

O cenário: procure um local neutro. Dentro do escritório ou em frente a uma parede, de preferência apenas com o logo da empresa. Lembre-se: queremos chamar a atenção para o cliente e não para a decoração. Portanto, nada de "concorrer" com objetos muito chamativos.

Eventos: fotos de eventos são muito importantes para os veículos, pois a participação em congressos, viagens e outras situações semelhantes é notícia. Por isso, damos algumas sugestões:

- Quando o cliente for o palestrante, consiga uma foto dele em frente ao púlpito.

- Quando o cliente estiver apenas participando, busque uma foto em frente de algum "símbolo do evento" ou em algum momento especial (como abertura ou encerramento). O cenário deve remeter ao evento.

- Se houver alguma autoridade no evento ou profissional

de referência em sua área de atuação, tente tirar foto com essa pessoa.

- Imagens em bares com copo na mão, ou em restaurantes, comendo, devem ser evitadas. Exceção para um brinde.

Atenção também para o *look*. Uma foto de divulgação deve transmitir SERIEDADE. Para homens, o terno é sempre a melhor decisão. Para as mulheres, sempre *tailleur*, e nunca vestidos acima do joelho nem decotes exagerados. Os acessórios devem ser apenas complementos. Evite também tirar fotos com crachá, mesmo em eventos. E veja se os seus óculos não refletem a luz do *flash*.

Alta resolução: a qualidade da foto é medida pelo número de "pontos por centímetro", os tais *dpi*. O ideal é que elas tenham acima de 300 dpi. Verificar isso é bem simples. Clique com o botão direito do mouse sobre a imagem e vá em propriedades. Na janela aberta, clique na aba "Resumo" e veja o número que aparece em "resolução horizontal" e "resolução vertical". Na dúvida, na hora da foto, certifique-se de que a máquina esteja configurada na melhor qualidade possível (o ideal é acima de 4, mas foque no limite de sua câmera).

Bom trabalho e ótimos cliques!

ALTERNATIVA ÀS COLETIVAS

Com as redações cada vez mais ENXUTAS, atrair jornalistas para coletivas de imprensa, seminários ou eventos torna-se uma missão quase impossível. Mesmo que o encontro seja realizado em dias e horários ideais, o quórum muitas vezes é INSATISFATÓRIO e acaba FRUSTRANDO clientes e assessores.

Como minimizar esse problema e fazer com que o evento, além de um sucesso, receba a merecida cobertura? Certa vez, um cliente organizou um coquetel em uma segunda-feira à noite, para anunciar sua adesão a uma nova bandeira internacional. Detalhe: o CEO mundial da empresa estaria presente.

Como reza a CARTILHA do bom assessor de imprensa, tudo foi devidamente PLANEJADO. Preparação e envio do convite aos jornalistas com antecedência e *follow-up* uma semana antes do evento. Dois dias antes, apenas cinco confirmações.

Chegou o esperado dia e, logo às 8 horas da manhã, o presidente nos cobra um posicionamento e a presença da GRANDE IMPRENSA. O dia vai passando e nossa equipe não sai do telefone. Já são 15 horas, sete confirmados, quando de repente o sol passou a nos iluminar.

Uma jornalista de um dos principais jornais de economia do país declina do convite, pois estará em fechamento, mas já quer agendar uma visita à sede da companhia para a manhã do dia seguinte e uma ENTREVISTA EXCLUSIVA com o CEO internacional.

Quase no mesmo instante, um repórter de uma das principais publicações semanais nos solicita um estudo sobre o setor, e uma coluna econômica de um jornal também quer DADOS DE INVESTIMENTO para uma nota. O quórum no evento foi quase zero, mas o que isso importa diante de tais resultados?

Dias depois, a primeira grande matéria sai e provoca grande repercussão em outros veículos. Missão cumprida. Mais do que levar jornalistas para o coquetel, os espaços e as oportunidades garimpadas falaram mais alto. O cliente AGRADECE.

A VOZ DA MÍDIA

O tempo passa, a tecnologia avança, a internet se expande... E o rádio, um dos mais tradicionais meios de comunicação, continua a ser o MAIS PODEROSO E PRÓXIMO do grande público, com alcance superior até mesmo ao da televisão. Ele ainda funciona como fonte de informações para outras mídias. Portanto, é um ótimo instrumento para empresários interessados em expor suas análises e impressões.

Mas é bom ficar atento a traços peculiares desse veículo. AGILIDADE é o seu forte. Por isso, PRONTIDÃO, CAPACIDADE DE IMPROVISO e poder de comunicação são características imprescindíveis para um profissional da área. Mais do que isso, deve haver uma INTEGRAÇÃO entre todos os que trabalham na emissora. Tudo deve fluir ao mesmo tempo em que as coisas estão acontecendo, e é preciso evitar os erros causados pela correria.

Nessa luta contra o relógio, repórteres e redatores não fazem uma grande busca por assuntos saborosos. A prioridade é total para o FACTUAL, as MATÉRIAS RÁPIDAS E IMEDIATAS. Especialistas afirmam que a audiência presta atenção a, no máximo, dois minutos de notícia.

Todo o processo que leva à notícia no rádio pode ir por água abaixo se o locutor não souber reproduzir aquele fato. Principal figura do veículo, ele é, para muitos, um companheiro. Utilizando apenas a VOZ, consegue influenciar a vida e o cotidiano das pessoas. A MODULAÇÃO e a BOA DICÇÃO são condições obrigatórias também ao porta-voz.

Se você quer marcar presença no rádio, então não adianta se limitar à política interna da sua empresa, a anunciar seus lançamentos, investimentos... A chance de aparecer nesse meio é muito maior se você estiver "antenado" no setor em que atua e ENTENDER NÃO SÓ A SUA REALIDADE, mas também enxergar o mercado e o cenário de um país como um todo.

Rapidez e visão ampla de mercado – estas são as qualidades que devem ter o profissional de rádio e todo e qualquer entrevistado.

PARA QUEM ACHA FÁCIL UMA COLETIVA DE IMPRENSA...

...vamos à prática. O executivo acaba de firmar uma PARCERIA MILIONÁRIA com investidores estrangeiros para internacionalizar sua marca, projetando crescimento superior a 50% nos negócios. Empolgado, ele imediatamente aciona sua consultoria e pede uma coletiva de imprensa em 48 horas.

E não adianta o consultor de comunicação indicar um chá de camomila ao seu cliente para tranquilizá-lo. A decisão de fazer uma coletiva é definitiva. Então, vamos trabalhar? Primeiramente, não se decide uma coletiva na VÉSPERA. Com a orientação de sua consultoria, estude a possibilidade de estender o prazo e avalie se o tema tem mesmo RELEVÂNCIA para uma coletiva.

Não é fácil tirar o jornalista da redação por algumas horas; logo, o assunto tem de valer muito a pena. É importante também abastecê-lo com números, dados e indicativos do setor, além de definir os PORTA-VOZES oficiais para atender os convidados.

O próximo passo é definir o local. Geralmente, a sede da empresa pode ser interessante e rica em imagens. Caso não seja possível, por questões logísticas, os hotéis de REGIÕES CENTRAIS também são boas escolhas.

As datas mais RECOMENDADAS são as terças-feiras, por volta de 11h. Nesses dias e horário, você consegue atingir revistas semanais, jornais e ainda os telejornais da hora do almoço.

As segundas-feiras nunca são recomendadas, porque dificultam os contatos para confirmações por causa do fim de semana. Na quarta e quinta, as revistas começam a entrar em processo de fechamento e JAMAIS iriam participar. Dependendo da relevância e urgência do tema, sexta-feira pode ser ACEITÁVEL, mas não PRIORITÁRIA.

Definido tudo isso, é hora de escolher a MÍDIA *TARGET*, preparar os convites e pegar no telefone em busca das confirmações.

Muitas vezes grandes jornais e revistas de negócios não participam da coletiva e exigem exclusividade na divulgação. Então, a dica é programar uma grande matéria para sair no mesmo dia, ou no dia seguinte, e priorizar, em sua lista de presença, jornais de economia e negócios de médio porte e a imprensa setorial.

Com o local escolhido, posições determinadas, *PRESS KITS* prontos, já se tem meio caminho andado. Nem é preciso tomar chá para se acalmar.

QUEM SABE FAZ A HORA

Ter um BOM FATO nas mãos ajuda a conquistar manchetes – mesmo quando a empresa em questão não é líder no segmento. Isso já aconteceu conosco e, de certo modo, faz lembrar a saga de Davi e Golias.

A história foi a seguinte: para manter-se entre as LÍDERES do setor, uma multinacional adquiriu no país as operações de uma empresa que era membro de outra bandeira internacional. A aquisição levou a um rápido realinhamento do mercado doméstico. A bandeira que deixou de ter um representante local fechou acordo com outro grupo brasileiro para continuar suas operações aqui. Numa negociação, também internacional, as multinacionais se acertaram e determinaram uma data para o início das atividades sob a nova configuração e o dia do anúncio no Brasil.

Fomos chamados dez dias antes pela marca que tinha – digamos assim – a posição de Davi. Preparamos ANTECIPADAMENTE um *kit* de imprensa da nova aliança no mercado nacional, dados sobre o setor, biografias dos principais executivos e IMAGENS dos porta-vozes já com a nova bandeira estampada nas fotos.

Decidimos não convocar uma conferência de imprensa, pois tínhamos como certo que a empresa líder TOMARIA A INICIATIVA no dia acertado para o anúncio da nova configuração. Mesmo assim, tivemos de esperar o sinal verde da matriz no exterior, já que a divulgação seria mundial.

Na data prevista, chegou a autorização da matriz, e no Brasil passava das 12 horas. Fizemos contatos-chave com a grande imprensa e, em menos de uma hora, a notícia pipocava de norte a sul do Brasil, e as SOLICITAÇÕES de entrevistas não paravam de chegar. As imagens da nova direção da empresa espalharam-se pelos grandes portais.

Porém, inicialmente a empresa concorrente e líder rechaçou a informação. Só no meio da tarde ela ACABOU SUCUMBINDO às notícias por nós divulgadas e confirmou as mudanças. Estávamos devidamente preparados para o novo cenário, enquanto a líder, não se sabe por que motivo, desperdiçou a chance de ser a protagonista da notícia.

CASO MARCANTE

Outro dia me perguntaram qual é o caso que considero o mais emblemático nestes vários anos de profissão. Parei por um instante, rememorei alguns episódios e separei os mais simbólicos.

Não sei qual é a ideia que fazem do cotidiano de um assessor de imprensa, mas toda semana vivenciamos casos que fogem da rotina. São demandas das mais variadas ordens. A maioria delas não é originada pela imprensa.

A mídia nos procura – ou questiona – sempre para esclarecer fatos óbvios. Um boato plantado por alguém, um comentário imprudente de um executivo, a posição de uma entidade diante de uma denúncia ou da queixa de um consumidor. Nada disso considero marcante. O que pode parecer problema para uns, a experiência o torna uma oportunidade para os esclarecimentos que se fazem necessários. Consultor de imprensa bom é aquele que faz – com prazer – do limão uma limonada.

O caso mais emblemático de minha carreira não foi um suicídio ou uma morte na sede da empresa, o anúncio de demissão em massa, um acidente de grandes proporções nem me ver encurralado por repórteres diante de uma declaração bombástica de um cliente – situações que já enfrentei em muitas ocasiões.

O fato foi reunir um grupo de jornalistas influentes e levá-los a toque de caixa para o exterior sem nem mesmo eu saber qual era a pauta. Ao longo do processo, deduzi que tinha nas mãos algo de muita importância para a imagem do Brasil, tanto em nível nacional como internacional. Mas convencer editores a embarcar em uma viagem sem revelar o motivo dela não foi tarefa fácil.

No caso, a viagem foi solicitada por uma empresa que atendo no Brasil há anos e um dos maiores clientes da Embraer. Tratava-se de um evento muito simbólico para ambas as empresas e os dois países – uma grande aquisição de aeronaves brasileiras pela linha aérea estrangeira.

Os jornalistas convidados só descobriram o real motivo da viagem internacional quando entraram na sala de conferência de imprensa e depararam com os executivos da Embraer. A notícia conquistou manchetes no Brasil instantes depois e teve repercussão mundial.

A sensação de missão cumprida foi comemorada literalmente com alguns drinques na festa após a coletiva!

COMUNICAÇÃO NA ERA DIGITAL

VISIBILIDADE NA INTERNET

Sim, um artigo na revista *Exame* traz impacto tremendo aos negócios de qualquer empresa. Uma reportagem na revista *Rolling Stones* pode ajudar uma banda de rock a chegar ao estrelato. Um executivo ouvido pelo *Jornal Nacional* SE CREDENCIA como importante fonte em seu mercado. As revistas e os jornais especializados também não podem ser esquecidos em todo PROJETO DE COMUNICAÇÃO.

A última década trouxe uma GRANDE NOVIDADE para a construção da imagem de pequenas e médias empresas – a internet. A partir de então, ela abriu novas possibilidades para o trabalho do consultor de imprensa e do relações-públicas, que se veem forçados a dizer adeus à VELHA FÓRMULA de relacionamento com a mídia. Hoje, não bastam mais os esforços feitos para comunicar novidades exclusivamente a um punhado de repórteres e buscar resultados (álbuns de *clipping*) na grande imprensa.

A INTERNET está mudando as regras do jogo. A popularização da rede mundial tornou possível FALAR DIRETAMENTE com os consumidores e clientes em potencial. COMO? *Releases online, blogs, e-books, podcasting* e ações de marketing viral na *web* garantem comunicação direta com o público final.

O QUÊ? Ofereça um conteúdo de valor aos clientes e tenha sempre uma boa história para contar. POR QUÊ? Mais e mais consumidores buscam respostas para seus problemas na internet, xeretam *blogs*, participam de *chats* e visitam *websites*.

ONDE se mirar? Em empresas e organizações que já oferecem o que os internautas procuram. QUANTO isso vai custar? Uma bagatela. O custo de postar mensagens direcionadas na internet é quase zero, se comparado ao de um anúncio na mídia ou aos planos de comunicação das grandes agências.

Criar CONTEÚDOS ESPECÍFICOS para públicos específicos é a NOVA MISSÃO de assessores e relações-públicas diante dos crescentes espaços na mídia *online*. É um trabalho que exige sintonia e eficiência dos gestores de comunicação, para atingir consumidores e formadores de opinião – entre estes estão repórteres e editores, que cada vez mais utilizam a *web* em BUSCA DE PAUTAS inovadoras, pessoas interessantes e empresas diferenciadas.

O mundo está se tornando uma GRANDE ALDEIA, como profetizou Marshall McLuhan, o ideólogo da globalização, que morreu em 1980 e não chegou a ver a explosão planetária da internet.

ÁREA DE IMPRENSA EM *SITES* CORPORATIVOS

Atualmente, ninguém duvida da importância da internet nos negócios. É com ela que se trava o PRIMEIRO CONTATO com uma empresa. Em poucos minutos, podemos aferir o que fabrica, qual o seu mercado, onde está localizada ou que grupo a dirige.

Não são apenas consumidores ou possíveis parceiros que usam a ferramenta para pesquisas rápidas. Os JORNALISTAS UTILIZAM A *WEB* e os sistemas de buscas para apurar informações, entender um pouco melhor da companhia e localizar contatos.

Porém, até mesmo grandes empresas não valorizam em seus *sites* espaços para veicular as próprias notícias nem mantêm uma área de imprensa. Em outras, o canal até existe, mas comumente está desatualizado e passa a IMPRESSÃO DE ABANDONO.

Hoje não existe espaço melhor que a internet para dispor comunicados de imprensa, reportagens veiculadas pela mídia, boletins para fornecedores e parceiros ou formalizar um contato interno para intermediar a relação com os meios de comunicação.

Organizar e aplicar documentos em formato PDF ou em *podcast* em *sites* demanda POUQUÍSSIMO TEMPO. Se a empresa tiver um assessor de imprensa, a obrigação é dele. Se não, a área de marketing deve destacar um colaborador para a tarefa.

Com certeza, esse preceito básico só causa BOA IMPRESSÃO. Pense no papel de um visitante que consulta a sua página na internet. Encontrar notícias atualizadas ou deparar com reportagens sobre a empresa veiculadas em *Veja, Dinheiro, O Estado de S.Paulo, Valor, G1 Notícias* ou revistas segmentadas é um excelente cartão de visita.

Não se esqueça: o mundo tornou-se uma GRANDE COMUNIDADE, e a internet é a patrocinadora dessa explosão planetária.

EMPRESAS GANHAM AS REDES SOCIAIS

Muitas vezes, são destacados os erros que perseguem as empresas em sua APOSTA NAS REDES SOCIAIS. Mas que tal conhecer os BONS EXEMPLOS? Cada vez mais companhias utilizam as vantagens do Twitter, Facebook e do *blog* com inteligência e rapidez.

Após alguns meses monitorando o YouTube, mas sem interferência direta, a Natura decidiu criar *blogs* como o Natura Beleza, deslocando uma equipe de NOVE PROFISSIONAIS para responder a perguntas dos usuários. A ESPM criou um perfil no Twitter acompanhado não só pelos alunos, mas pelo público em geral – interessado em tendências de marketing e de negócios.

A marca Penélope Charmosa, da Warner, teve sua campanha de relançamento inteiramente inspirada nas redes sociais. O BOM RESULTADO já estimula a direção da companhia a lançar outros dois produtos nos mesmos moldes. Pelo Twitter, a Caloi sorteou 20 inscrições para o passeio ciclístico BikeTour. A Audi, por sua vez, permite em seu *site* a personalização de uma página para receber informações de várias redes sociais simultaneamente.

São ações inteligentes, com custo relativamente baixo e que podem dinamizar a relação com clientes, consumidores e parceiros. Mas não se esqueça da lição de casa. Seu *SITE*, BEM CONSTRUÍDO E COM UMA BOA SALA

DE IMPRENSA, ainda é a primeira ferramenta de busca e geradora de credibilidade para potenciais clientes.

A necessidade de agilizar respostas torna-se ainda mais premente com as redes sociais. Se seu *call center* e a comunicação tradicional estão meio "capengas", a boa tentativa de enveredar pelo Twitter vira um tiro que sai pela culatra.

Aqui vai uma dica preciosa: reúna suas agências de comunicação e o departamento de marketing para ARTICULAR UMA ESTRATÉGIA. Mas nada de fazer grandes assembleias. Em encontros de *BRAINSTORMING* com um grupo pequeno de pessoas, boas ideias podem ser extraídas. A presença nas redes pode ser honrosa e bonitinha, mas cadê o BENEFÍCIO PARA O CONSUMIDOR?

BLOGUEIROS NÃO SUBSTITUEM JORNALISTAS

Hoje em dia, muita gente diz que não vê televisão e lê jornais apenas pela internet. Vivenciamos uma época em que o dia a dia ganha espaço nas MÍDIAS SOCIAIS. Os celulares também se transformaram em câmeras de vídeo, e torpedos substituem, em certos momentos, a função do e-mail. Fala-se cada vez mais no poder e na INFLUÊNCIA das redes sociais. Facebook, Linkedin, Twitter – só para citar algumas delas – ganham frequentadores sem parar.

Mas será que tudo isso substitui o papel da MÍDIA TRADICIONAL, de repórteres que perseguem notícias? Um comentário em um *blog* tem valor maior para a COMUNICAÇÃO CORPORATIVA que o de uma bela reportagem veiculada na televisão ou produzida por uma revista influente? É claro que não. Os protagonistas do Twitter ou blogueiros NÃO SUBSTITUEM jornalistas, que são pagos para buscar exclusividade e fatos de RELEVÂNCIA para a sociedade. Quantos twitteiros ou blogueiros no mundo têm mais de 500 mil seguidores?

Uma análise rápida mostra que os nomes mais consagrados do mundo das mídias sociais fazem parte do universo das PERSONALIDADES públicas, celebridades ou mesmo da comunicação.

Para publicar notícias com credibilidade, um jornalista tem de cultivar fontes por anos, precisa da PERCEPÇÃO do que é importante e busca incessantemente informações que se transformem em valor para leitura e deferimento do leitor.

O bom jornalista não sai por aí METRALHANDO COMENTÁRIOS e opiniões sem consistência. Quantas pessoas munidas com uma câmera de celular ou que estão postando mensagens fazem o mesmo com tanto FUNDAMENTO?

O universo do jornalismo é muito maior. Na internet, a missão do jornalista é causar IMPACTO com a informação. Na televisão ou rádio, a meta número 1 é cobrir um FATO NOTICIOSO ao vivo. Em um diário ou revista (semanal, quinzenal ou mensal), é transformar uma informação – exclusiva ou não – em ANÁLISE DE PROFUNDIDADE. A interpretação dos fatos deve surpreender.

Por isso, sempre digo à minha equipe e aos mais jovens: o foco na GRANDE IMPRENSA não perderá espaço na comunicação empresarial para as mídias sociais por uma questão de CONSISTÊNCIA.

PARA APARECER NA INTERNET, CONSULTE O SEO

Você já parou para pensar por que as notícias e os anúncios aparecem nos primeiros resultados de busca na internet? O *Search Engine Optimization (SEO)* tem a resposta. O mecanismo que otimiza uma página ou até mesmo um *site* surgiu como a NOVA GERAÇÃO DE *SITES* DE BUSCA.

Se antes a organização dos *links* em uma PÁGINA DE RESULTADOS era processada por ordem alfabética, hoje o posicionamento tem a RELEVÂNCIA como critério. Ela é definida por algoritmos que servem para definir quanto uma página é importante, conhecidos como Google PageRank, que utiliza um sistema de pontuação de 0 a 10.

O SEO vem sendo adotado por muitos portais jornalísticos e por setores de serviços na *web*. A ideia é fazer com que o domínio do *site*, os *links*, títulos e *tags* de uma determinada matéria elevem o portal ao TOPO DA PÁGINA de buscadores, garantindo mais audiência. A utilização dessa ferramenta depende também da palavra-chave buscada pelo internauta.

O SEO também pode ser dividido em duas partes – fatores internos e externos. De acordo com esses quesitos, as páginas são pontuadas pelos *sites* de busca para que ele possa determinar a relevância da página e quais as palavras-chave relacionadas a ela.

Mas não confunda com *links* patrocinados. Estamos falando de um recurso gratuito. Uma boa chance para APARECER E CRESCER.

SALA VIRTUAL

Você adora fazer uma visita às páginas de jornais e revistas, mas não recebe bem os convidados em sua sala? Estamos falando da SALA DE IMPRENSA, uma ferramenta tão simples e preciosa que muitas vezes passa despercebida por empresários e gestores de marketing e comunicação.

Esse é um dos diversos nomes dados à página específica que contém os comunicados e informes OFICIAIS da empresa ou entidade. É uma forma rápida e fácil de se mostrar PRESENTE à imprensa e, ao mesmo tempo, demonstrar que está atenta aos acontecimentos do mercado. Normalmente, é a primeira coisa que os jornalistas procuram ao acessar seu *site*.

Com grande diversidade de nomes e de formas de conteúdo, o ideal é que existam pelo menos duas subdivisões: uma com os COMUNICADOS e outra com o *CLIPPING* coletado. Essa iniciativa ajuda tanto a empresa como sua assessoria de comunicação. A companhia deixa de lado uma imagem *LOW PROFILE* e a assessoria facilita futuros contatos com a mídia.

Aliás, para a imprensa e qualquer outro leitor, o *site* já deixa claro o PERFIL da empresa: se ela é RESISTENTE a mudanças, se não dá a devida atenção à comunicação institucional ou se é RECEPTIVA e adota uma relação transparente com seus diferentes públicos.

É um recurso SIMPLES de comunicação que faz toda a diferença. Ah, não se esqueça de inserir os contatos de sua assessoria de imprensa. O custo é zero para oferecer um *site* receptivo.

O NOVO E-MAIL MARKETING

Aquela quantidade sem fim de mensagens irritantes e de remetentes desconhecidos continua a invadir sua caixa de entrada. Não contentes, os *SPAMMERS* de plantão decidiram enveredar pelo mundo da comunicação corporativa. Resultado: o velho E-MAIL MARKETING já está condenado. Mas, por que não fazer um exercício de "ressuscitação"?

Apesar da força implacável dos *spams*, o e-mail marketing continua a ser um recurso precioso e poderoso para as empresas, principalmente na hora de divulgar seus RESULTADOS na imprensa para clientes, parceiros e fornecedores. Ou mesmo para apresentar ao seu *mailing* NOTÍCIAS relevantes do mercado em que atua.

Mas como pôr essa estratégia em prática? Se a ideia é VENDER seu peixe a todo custo, nem perca seu tempo pensando. Pode ser que seu destinatário leia o primeiro e-mail, guarde o segundo para ler depois...

Daqui a pouco, sua mensagem será mais uma na multidão. Por isso, sua consultoria de imprensa pode dar um TOM JORNALÍSTICO e imparcial ao e-mail.

Para ajudá-lo nessa missão, descreva no campo *Assunto* exatamente o conteúdo em questão. A propensão à LEITURA DA MENSAGEM aumenta consideravelmente. Caso o desejo seja reproduzir uma reportagem em que você esteja presente ou que apresente impacto para o setor, JAMAIS A ANEXE. Um breve texto introdutório e a imagem da matéria logo abaixo, com um *link* ativado, tornam o e-mail mais leve e chamativo. E qual a linguagem a utilizar? Só HTML ou TXT.

Segundo dados de 2011, essa ferramenta de comunicação estaria presente em 840 BILHÕES de mensagens trocadas anualmente nos Estados Unidos. Segundo artigo de Edson Barbieri, diretor de e-mail marketing da Associação Brasileira de Empresas de Marketing Direto, publicado no portal Cliente S/A, a projeção era que esse número aumentasse 38% até 2012. Acabar com essa prática é impossível. Mas que tal PROFISSIONALIZAR o uso dos *spams*? É uma chance e tanto para crescer e aparecer.

NA ERA DO *MOBILE MARKETING*

De olho na geração Y – consumidor cada vez mais conectado, que preza a velocidade e tecnologia –, muitas empresas têm APOSTADO no *mobile marketing*. As ações de marketing realizadas por meio de celulares e dispositivos móveis abrem um GRANDE MERCADO para qualquer tipo de negócio de forma apropriada e atrativa.

Razões não faltam para utilizar essa ferramenta – BAIXO CUSTO, segmentação do público-alvo, inovação, versatilidade e baixo impacto ambiental. Além disso, centenas de milhões de brasileiros usam dispositivos móveis todos os dias.

Dados do IBOPE Mídia, da consultoria Gouvêa de Souza e do grupo Ebeltoft indicam que 42% dos brasileiros aceitam esse novo tipo de mensagem, principalmente por ter a opção de RECEBER OU NÃO aquela informação.

A INDÚSTRIA *MOBILE* vem convencendo grupos empresariais sobre o fato de que não é moda passageira e que o segmento representa uma grande opção para campanhas de marketing.

MAPA DA MÍDIA

CIRCULAÇÃO DOS GRANDES JORNAIS

Como nunca é demais saber – ou recapitular –, apresentamos abaixo os jornais de maior circulação do país em 2013. Se compararmos com 2010, houve um pequeno incremento médio no NÚMERO DE LEITORES. Mas, para quem trabalha com comunicação, o que importa é ter sempre em mente quais são os jornais brasileiros líderes nas bancas e o PERFIL de cada um deles. Isso nem todos conhecem ou acabam esquecendo.

De acordo com dados do IVC – Instituto Verificador de Circulação, referentes ao ano de 2013, o *ranking* dos títulos nacionais em tiragem era o seguinte:

1º	Super Notícia (MG)	295.158 exemplares/dia
2º	Folha de S. Paulo (SP)	294.811 exemplares/dia
3º	O Globo (RJ)	267.541 exemplares/dia
4º	O Estado de S. Paulo (SP)	232.385 exemplares/dia
5º	Extra (RJ)	228.099 exemplares/dia
6º	Zero Hora (RS)	182.277 exemplares/dia
7º	Daqui (GO)	159.022 exemplares/dia
8º	Diário Gaúcho (RS)	151.543 exemplares/dia
9º	Correio do Povo (RS)	135.327 exemplares/dia
10º	Dez Minutos (AM)	120.000 exemplares/dia

REPAREM:

1 – A *Folha de S.Paulo*, *O Globo* e *O Estado de S. Paulo* LIDERAM em INFLUÊNCIA entre os formadores de opinião. Extrapolam as divisas dos estados onde estão sediados.

2 – TABLOIDES vêm conquistando cada vez mais leitores e anunciantes, uma tendência irreversível em todo o país. Exibem textos curtos e abordam um pouco de tudo – política, futebol, televisão, bolso do trabalhador, segurança pública etc. Um detalhe importante: têm PREÇO de venda abaixo de R$ 1. O *Super Notícia*, por exemplo, custa R$ 0,50.

3 – Os gaúchos destacam-se como um povo culto e ávido por notícias. O *RANKING* do IVC apresenta três periódicos do estado entre os 10 de maior circulação no Brasil.

Mas o Rio Grande do Sul conta com dezenas de outras PUBLICAÇÕES REGIONAIS, sem paralelo em outros estados da federação.

4 – CADÊ OS PRINCIPAIS JORNAIS de Bahia, Distrito Federal ou Pernambuco?

O MAPA DA MÍDIA REGIONAL

Nem todos os caminhos levam à *Veja* ou ao *Jornal Nacional*. Por todo o Brasil, a IMPRENSA REGIONAL exerce um papel preponderante na DISSEMINAÇÃO de notícias. Para entender como isso funciona, observe a pauta de grandes jornais, revistas e telejornais – exceto fatos para lá de inusitados e assuntos de comoção geral, São Paulo, Rio de Janeiro e Brasília dominam o cenário. Vez ou outra, a Amazônia.

Então, que tal desdobrar o mapa? Direcionar sua atenção e os investimentos em comunicação aos jornais de circulação regional? Os *rankings* a seguir já ajudam bastante.

Região Sul	
Título	Média de circulação
Zero Hora (RS)	182.277
Diário Gaúcho (RS)	151.543
Correio do Povo (RS)	135.327
Jornal NH (RS)	46.500
Gazeta do Povo (PR)	41.726
Folha de Londrina (PR)	40.000

Região Nordeste	
Título	Média de circulação
Correio da Bahia (BA)	60.857
A Tarde (BA)	41.522
Jornal do Commercio (PE)	40.000
Diário do Nordeste (CE)	36.822
Aqui (PE)	27.061

Região Centro-Oeste	
Título	Média de circulação
Daqui (GO)	159.022
Correio Braziliense (DF)	54.268
O Popular (GO)	53.000
A Gazeta de Cuiabá (MT)	24.000
Jornal de Brasília (DF)	20.428

Região Norte	
Título	Média de circulação
Dez Minutos (AM)	120.000
A Crítica (AM)	35.000
Diário do Pará (PA)	33.300
Aqui MA	30.000

Região Sudeste	
Título	Média de circulação
Super Notícia (MG)	295.158
Folha de S.Paulo	294.811
O Globo	267.541
O Estado de S. Paulo	232.385
Extra (RJ)	228.099
Meia Hora (RJ)	118.257
Estado de Minas (MG)	71.926
O Tempo (MG)	68.928

Fonte: Associação Nacional de Jornais (ANJ) – Ano 2013

SUA NOTÍCIA PULVERIZADA

Como você faria para plantar uma notícia em vários veículos da imprensa? Um texto bem escrito? Um *FOLLOW-UP* bem articulado? Um contato-chave em um grande jornal ou revista? Sim, as três alternativas estão corretas. Mas tem uma quarta possibilidade – as AGÊNCIAS DE NOTÍCIAS podem representar um caminho estratégico para bombar a informação.

Obviamente, nem tudo deve recair sobre esses veículos. A notícia deve apresentar uma mínima relevância pública e estar relacionada a um grande INVESTIMENTO ou a um importante CENÁRIO setorial. Mas publicações como Agência Estado, Reuters, Bloomberg, Agência Folha e Agência O Globo quase sempre saem na frente e acabam funcionando como fontes até mesmo para os maiores jornais do país. As regionais Agência Nordeste, Agência RBS (Região Sul) e Portal Amazônia também ganham evidência.

As agências atuam como um canal de distribuição de notícias para jornais de norte a sul do país. Isso acontece por fatores como antecipação, velocidade, relevância e confiabilidade. Com uma linguagem enxuta e concisa, elas oferecem exatamente aquilo que os veículos precisam: INFORMAÇÃO pura e simples.

Eles são veículos que mantêm infraestrutura dispendiosa, em muitos casos com correspondentes em várias partes do país e do mundo – situação suficiente para que as agências ganhem de bandeja o mesmo grau de credibilidade da chamada grande mídia. Não é errado dizer que elas dão grande SUSTENTAÇÃO EDITORIAL aos seus clientes.

Propomos agora um teste. No decorrer de uma semana, folheie as principais manchetes dos grandes portais de internet e leia atentamente os cadernos de Política e Economia de prestigiados jornais. Em 30% a 50% das vezes, uma agência desponta como FONTE ORIGINAL da notícia.

Em alguns casos, artigos de analistas econômicos e consultores são muito bem-vindos. Há algum tempo, a opinião de um cliente sobre o mercado livre de energia ganhou destaque de uma agência e logo figurou em pelo menos 20 jornais, sem contar os RESULTADOS via Google.

Resultados em massa sem desperdício de tempo não são necessariamente um sonho impraticável. Nada que histórias boas e estratégias certas não ajudem.

CAMINHOS DO RÁDIO

São cerca de 4 mil emissoras de rádio em todo o país, com alcance quase ilimitado e público cativo. No carro, na cozinha, ao pé do ouvido ou na cabeceira da cama, o RÁDIO significa garantia de informação disseminada. Mas o problema está em como chegar até ele.

Em evento realizado pelo portal Comunique-se, em São Paulo, o diretor nacional de jornalismo da BANDNEWS FM, André Luiz Costa, explanou o tema com propriedade, dando dicas preciosas de como EMPLACAR UMA PAUTA no rádio. Mais do que qualquer outra mídia, o CONTATO PESSOAL com a produção jornalística da emissora pode ser o primeiro grande passo para que porta-vozes e assessorias de comunicação atinjam seu objetivo. "O assessor deve levar em conta o veículo, o núcleo, a pessoa. Não existe nada que tenha mais valor do que CONHECER A REDAÇÃO", ressaltou.

Outra recomendação diz respeito aos tipos de pauta, que não podem ser GENÉRICAS nem impessoais. Para Costa, a comunicação geral – não direcionada a um tipo de veículo – é uma prática cada vez mais recorrente e lesiva às relações entre emissoras e assessorias.

Ao depararmos com o relato de um especialista, concluímos que o rádio é PRESTAÇÃO DE SERVIÇO e está à espera de assuntos que de alguma forma impactem diretamente a sociedade. Textos concisos e objetivos, na voz ativa e na ordem direta. Pautas com NÚMEROS, INDICAÇÕES DE ESPECIALISTAS. Que tal treinar para emplacar boas notícias na rádio? E sem blá-blá-blá.